大人の悩み100+解決のヒント100

モンテッソ・

～叱る前に

藤原愉美

文化出版局

ほんの一瞬の時間を
自分の力で歩けるように

子育てがはじめての方、２人目３人目、もしくは子どもに携わる仕事をされていた方もいらっしゃるでしょう。けれど、生まれてきた子どもは千差万別。どの経験も当てはまるようで当てはまらず、すべてのお子さまが唯一無二の“はじめての子育て”対象です。

子どものわからない行動を目の当りにしたり、不安になったりすると、ついほかの子どものよいところが目に留まって比べてしまい、我が子の行動にイライラしてしまうこともあります。でも、そんな子どもの行動はあらゆる行動のほんの一部にすぎません。どの子どもも同じ人間。遺伝的な違いはあったとしても生まれてきた子どもはそれぞれに多くの可能性を持ち、これから開花させる芽を持った大切な存在です。私たち大人ができることは、子どもが自分の力で歩き、自分で考え、自分の才能を開花させ、力を発揮できるために環境を整えたり、後押ししたり、ときには助けたりすることです。

――なんのために子育てをしなければいけないのか。

それは、これまで築き上げられた歴史をさらによくし、後世につないでいってくれる人間を育てるため。最終的には地球を存続させるためだと思います。それぞれの人生は、46億年前に地球が誕生してから未知なる日までのほんの一瞬のこと。子どもたちや孫の孫までが、どんな世の中であっても楽しく暮らせるものであってほしいですし、生きていることが楽しいと思ってほしいです。そして、問題が起こってもまわりの人たちと力を合わせて前に進めることを喜びに感じてほしいです。その一瞬を作り出すのが子育てだと思います。

モンテッソーリ教育では、"宇宙について"をはじめ、壮大なテーマのレッスンがまず行われます。それは"自分がなぜ今ここにいるか"を学ぶことで、子どもの生き方や行動が変わってくるからです。子どももまた後世にそのことを伝えていってくれることでしょう。

藤原愉美

PART
1

PART
2

PART
3

PART
4

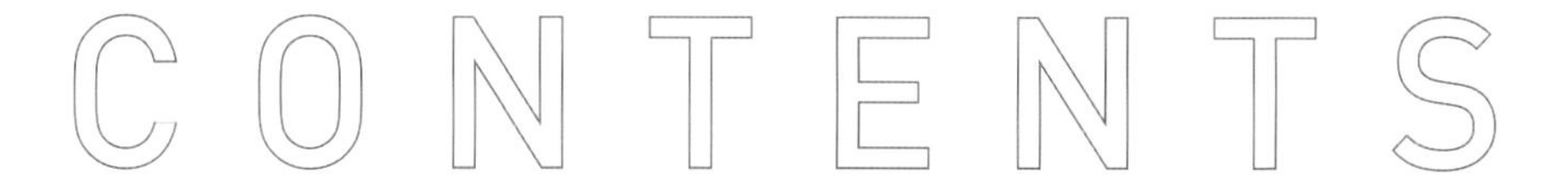
CONTENTS

本書を読む前に

本書は、保護者が子育てで感じた疑問や悩みを解消するためのきっかけとして役立てていただける内容です。

大人の子育てに対する問題解決本

4 PART構成で、よくある悩みをQ＆A形式で回答しています。

●**PART 1：**その場しのぎの対応ではなく、子どもが成長した姿をイメージしながら自主性を高めるためのヒントを紹介します。

●**PART 2：**情緒不安定な子どもに対し、接し方や考え方を少し変えることで保護者自身の心をコントロールするヒントを紹介します。

●**PART 3：**子どもの意欲を伸ばし、可能性を広げることを目的に、大人ができるサポートや接し方のヒントを紹介します。

●**PART 4：**千差万別の個性を育て、個々の能力を育むことを目指し、子どもとの向き合い方のヒントを紹介します。

5、6歳の子どもの様相を中心にした内容

感性の敏感期である幼児期を経て、想像の敏感期に入ろうとする5、6歳の子どもは、これまでとは少し違った様相を帯びてきます。ときには幼児期の子育てに戻り、ときには未来を見据え、保護者自身が今をしっかり見つめ直すことで、新たな子育ての考えを生み出していただくことが目的でもあります。また、あらゆる年代に共通するところがあり、子どもの成長速度にも違いがありますので、年齢に関係なく参考にしていただけます。

子育てに答えはない

子どもの可能性は無限大で、それぞれに個性があります。それは保護者も同じ。本書では事例をもとにした子育てのヒントを紹介しています。このヒントをきっかけに、ご家庭の子育てのオリジナリティを高めていただければ幸いです。子育てには答えがなく、失敗や成功の判断をするものでもありません。子育てにワンアクションをプラスしてみてください。

PART 1

子どもの生活習慣に不安を感じたら、急がば回れ

朝、なかなかすぐに起きられない。無理矢理起こすと不機嫌になり、逆効果に。

朝の時間は前の日の夜から始まっている。
ゆっくり落ち着いた気分で朝を過ごすために
朝食に楽しみをひとつ取り入れるのもおすすめ。

朝起きられないのは、疲れや病気など身体的なもの、保育園や学校に行きたくないというような精神的なもの、決まった時間に起きる習慣になっていないなどの要因があるでしょう。子どもが健やかな状態で朝を迎えるには、前の日の夜の過ごし方が関係しています。

①寝るモード作りを行う（P.51参照）。②寝る前の食事に気をつける。消化の悪い食べ物や寝る直前の食事は、内臓が休まらず熟睡できません。**③起こし方を工夫する。**徐々に目を覚ましていくと起きやすいといわれています。「起きなさい！」と大声を出したり、布団をめくったりするのは逆効果。「出発まであと１時間だよ」とか「今日の朝ごはんはフルーツサンドだよ」などと、子どもが起きる必要性を感じられるようにするとよいと思います。我が家では“おにぎりの日”“ビタミンのキウイの日”というようにメニューをローテーションさせ、子どもの好きなものを朝食に取り入れています。事前に子どものリクエストを聞いておくと準備もスムーズです。

着替え、洗顔・歯磨き、朝ごはんのなにもかもがのろのろ、ぐずぐずで時間だけが経つ。

【NG】	【OK】
■おもちゃが置いてある	■時計がある
■テレビがついている	■声かけをしている
■任せっきり	■服や通園グッズは前夜に用意しておく
	■身支度表どおりに進める

身支度のリズムを妨げる要因を取り除き、ひとりで取り組める時間を作っておく。“朝のお手伝い”が子どもを動かすこともある。

子どもの成長過程や個性によって身支度にかかる時間は違います。**ゆっくりとした動きでもお出かけの時間に間に合う場合は、声かけを控えて様子を見てもよい**と思います。例えば、集中して洋服のボタンを留めている、ハンカチをていねいに畳んでいるときなど。身支度の途中でふざけたり、遊んだりする場合は、そのきっかけが部屋にないかを確かめてください。**おもちゃや絵本は目に入る場所にないほうがよいです。テレビも気が散る原因になるので、朝の情報を得たい場合はラジオにする**などの工夫を。時計は見えるところに。また前夜に準備した身支度表（P.27参照）も見えるようにしておきます。

朝のお手伝いをお願いするのも有効です。新聞を取りにいく係、朝食のヨーグルトに果物をのせる係というように。**毎日同じ決め事ではなく、その時々で手伝ってもらえそうなことをお願いするという感覚**でよいでしょう。子どもはお手伝いが大好き。お手伝いをするためにテキパキと身支度をするようになるかもしれません。

ひとりで着替えられていたのに、ある日から「着替えさせて」とあまえてくるようになった。

**あまえに応じて少しだけ手伝うことで
子どもが通常モードになれるように。
前日の準備やイメージ作りも大切。**

本来はできることをしようとしないのは、親にあまえたい、気分がすぐれない、自分の思っている状況と違うなど、なにかしらの理由があります。特に朝は親にあまえたがる傾向にあります。そんなときに「ひとりでできるでしょ。早く着替えなさい！」というと、逆に子どもの動きを減速させてしまうこともあります。
“たまにはあまえさせてもよい”と考えてはいかがでしょうか。着替えの場合、全部を一緒にやるのではなく、下着やシャツだけを手伝うとか、**ひとつふたつを手伝って「あとは靴下をはくところまでできるかな。その間にお母さんは朝ごはんを作るね」といって手ばなします。**注意するよりも結果的に子どもにスイッチが入りやすいのです。また、**前日に服のコーディネートをしておけば、着替えのシミュレーションに**もなります。そのイメージがあると、不安定になりがちな朝でも少し前向きになれます。お気に入りのハンカチをセットするなど、気持ちを高められる要素も取り入れるとよいでしょう。

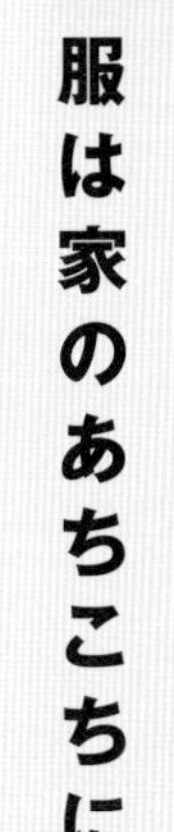

靴をそろえない、しまわない。服は家のあちこちに脱ぎっぱなしで……。

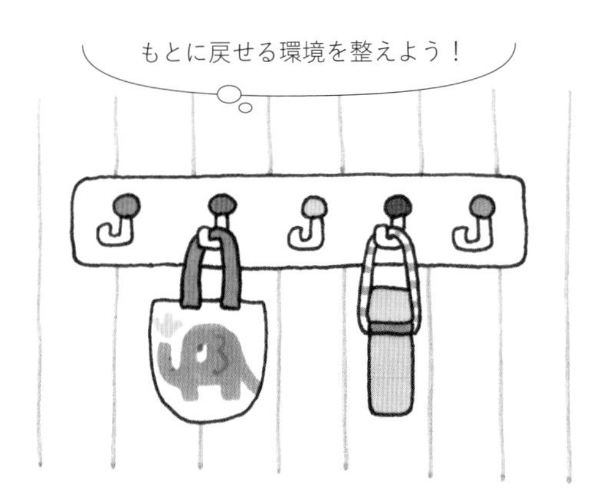

後始末ができる環境と精神状態になっている？注意や指摘よりも子どもに響くのは、“なにをするべきか”を考えて気づかせる声かけ。

子どもが靴や服をもとに戻す環境が作られていますか？　子どもに“もとに戻すこと”の大切さを伝えていますか？　家の中が散乱していると、子どもは“それでいい”と思い、片づけの意識や動きのていねいさが低下します。**子どもには視覚で物事を捉えやすい特性がある**からです。隅々まで掃除がいき届いている状態を保つのは難しいと思いますが、子どもの片づけの感覚が育つまでは、**床の上に物を極力置かないようにしておくとよい**でしょう。

また、子どもの脱ぎっぱなしなどに気づいたときは、「靴の向きはどうなっているかなあ」「リビングになにか忘れ物がない？」など、注意や指摘ではなく、**子どもが自分で“なにをするべきか”を気づける声かけにする**のが大切。“誰かがしてくれる”という感覚になると、いくつになっても自分でやるべきことが疎かになります。幼児期から“自分で後始末をすること”の大切さを伝えておくとよいでしょう。そのくり返しが今後の勉強を含む、**ひとつの作業を完結させる力にもつながっていきます。**

出した物をしまわず、次の物を出す。「片づけて」というと「できない」「やって」の返答。

**片づけは大人にとっても大変なこと。
“大変だけどがんばろう”という気持ちで
声かけすると子どもの受け取り方が変わる！**

前のページの後始末と同じ対策ができます。それに加え、例えばおもちゃの収納であれば、“年齢に合っているおもちゃか”“ふだんよく使っているか”などを確認し、子どもに適していない物は処分するか、別の場所に保管します。**数が減るだけで物を把握でき、スペースが広くなることで片づけもしやすくなります。**

1、2歳のころは、物をさわって自分との距離感や関係性を把握します。そのため物が床に散乱するのは仕方のないこと。最後に一緒に片づけるとよいでしょう。5、6歳の場合、あらゆる物を組み合わせて想像しながら遊ぶこともあるので“散らかっている＝片づけていない”とはならないことも。大切なのは遊びのあと。単に片づけの意識がないようであれば「次に使うときのために戻しておこう」とか「この本はどこに置くんだった？」と気づかせるための声かけをします。大人でも常に片づけられた状況にするのは難しいもの。**声かけに“大変だけどがんばろう”という気持ちをこめる**とよいでしょう。

ゴミ箱からゴミが落ちていてもそのまま。絵本を片づけたのに逆さま。なにもかも不完全で……。

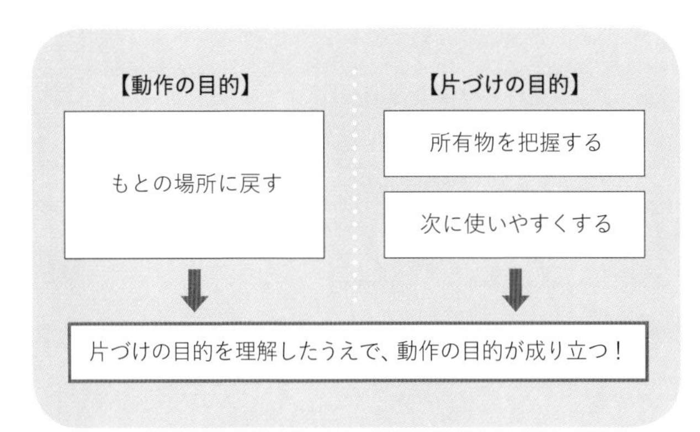

秩序の敏感期に秩序を保てる環境にしておきたい。子どもが知りたいのは“やり方”親子で一緒に工夫して決め事を作ろう。

秩序の敏感期は、２、３歳をピークにして６歳ごろまでゆるやかに続くといわれています。秩序は空間的なものと時間的なものの両方で表れ、普段と違う物の順序、違う時間での行動など、個々で反応の仕方は違いますが、敏感になります。大声を出したり泣いたり、なにもいわずに落ちこんでいたりするような場面で“どうして？”と感じることはありませんか。それは**子どもにとっての秩序が乱されている可能性があります。①物の置き場所・位置を決めておく。②できるだけ一定のリズムで動く。③空間の整え方を教えておく。**これらを実践しておくことで子どもの心が安定し、環境にていねいに関われるようになります。片づけの目的も理解できます。

敏感期を過ぎたとしても遅いわけではなく、子どもは“やり方”を知りたがっています。また、ティッシュケースの近くにゴミ箱を置いておく、服を入れやすい洗濯かごにするといった工夫も取り入れましょう。**子どもと一緒に考えて行うことで自発的に動けるように**なります。

物を捨てようとしても「捨てないで」の一点張り。見向きもしていない物も手ばなせず、増える一方。

その物に対する気持ちから整理する。
始末の選択肢を設ければ、取捨選択しやすくなる。
始末後に得られる効果についても感じてもらおう。

子どもが宝物だと思っている物を「捨てなさい」といわれると反発心が生まれます。とはいえ、そのまま放置するのも整った環境とはいえません。例えば工作の扱いについては以下の対策をしてはいかがでしょう。

①なんのために作ったか、それをどうしたいかを話し合う。これが前提となります。**②飾る、置いておく期限を設定する。**どんどんたまるので、あらかじめ決めておくとよいでしょう。**③始末の仕方の選択肢を与える。**写真に残す（最近では管理アプリもある）、一時保管場所を作っておくとよいと思います。家庭内作品コンテストをしてよい物だけを残すという楽しみ方もあります。**④すっきりした空間を体感する**（一度すっきりさせてお気に入りを飾る）。子どもはきれいで整った空間が好きです。「飾っている作品が目立っていいね」など、始末をした結果に得られることを共有しましょう。

こうしたやりとりが、**自分で取捨選択できる力につながり、主体性が育まれます。**

尿意をもよおしてもぎりぎりまでがまんし、結果、トイレの手前でおもらししてしまう。

トイレに行ったあとのことをイメージさせて軽い気持ちでの声かけを続けてみよう。失敗しても次の挑戦を促すような対応をしたい。

トイレの失敗は**タイミングをつかめていないケースが多く、“したいことを優先してしまう”こともその要因**です。タイミングのつかみ方は声かけが一番。「今からお出かけするけど、トイレに行っておこうか」というように軽い感覚での声かけがよいかと思います。子どもがそわそわしているときは「よし、トイレに行こう」と笑顔ですばやく一緒に行きます。これはトイレトレーニングのときと同じ。「おもらしするんだから、ちゃんと行かなきゃダメでしょ！」というような伝え方をすると、子どもはネガティブな感覚を受け「行きたくない！」と反発することも。また、「お母さんも今から遊びに行くからトイレに行こうっと」と見せたり、手をとって小走りに行ったり、**とにかく軽い感覚で促すのが大切**です。

もし、タイミングをつかめずにおもらしをしてしまったら「おしい！ あとちょっとだったね。次はもう少し早く行こう」と、**“あと少しで達成できる”“応援している”という感覚が伝わるようにしたい**ですね。

歯ブラシをくわえたまま走り回って危ない。強く注意すると、わざとふざけてみせる。

優先することは大けがをさせないこと。危険なことを想像できるように話し、歯みがきをする場所とやり方を徹底させる。

危険な行為はすぐにやめさせるべきです。歯ブラシをくわえたまま転倒して大事故になったニュースも報じられています。子どもはそれがどの程度危険かを想像できていないので、**過去にあった事故の例を話すなどして、危険性をイメージできるようにする**とよいかと思います。

ただ、やみくもに注意して理解してもらえるかは別。その場合、**歯みがきをする場所を決めます。**「鏡を見ながら歯をみがくよ」と伝え、洗面台の前でみがくことを徹底させます。立った状態でみがくのが難しい場合は、イスを置いてみがきやすい環境を整えましょう。

幼児期は大人の仕上げが必要になります。その場合、**砂時計やタイマーを使って「終わったら呼んでね」と伝えましょう。**子どもの自主性を高めるのは大切なことです。ただし、大けがをしてしまっては元も子もありません。決められた場所での正しいやり方を伝えるとともに、間違ったやり方をした場合の危険性を感じてもらえるように働きかけてください。

水への恐怖感を克服できず、シャンプーは毎度大泣き。それがイヤなのか、お風呂に入ることすら拒むように。

お風呂の目的は洗うこととリラックスすること。顔に水がかからないシャンプーの仕方をし、お風呂タイムを楽しみながら水と触れ合おう。

水に顔をつけることやプールで泳ぐということと、シャンプーをすることは別として考えたほうがよいかと思います。**シャンプーの目的は髪の毛や頭皮をきれいにすることで、水への抵抗を払拭することではない**からです。また、お風呂は心をリラックスさせる場所であることも念頭に置いておきましょう。

もし、シャンプーを嫌がる子どもに無理に水をかけた場合、うまくいくこともあるかもしれませんが、子どもの抵抗が強くなれば、克服するのがより困難に。**顔に水がかからないシャンプーのやり方**もあります。シャワーに背を向けると水が顔にかかりにくいことを教えてあげてください。慣れるまでは大人が洗ってあげてよいと思います。シャンプーをすることがイヤでなくなると、水への抵抗が小さくなり、水に顔をつけられるようになるかもしれません。**大人が焦らずに子どもの変化を待つことも大切**なのではないでしょうか。

嫌いな食べ物をわからないように料理をしてもダメ。「ひと口だけ」というと食卓から逃げだす始末。

味のちょっとした変化でも子どもは敏感になる。ひとつの食材よりも栄養成分にこだわり、選択肢の多い食生活で体と心を育ませたい。

幼児期は感覚器官の敏感期で、舌の感覚も研ぎ澄まされています。特に苦味を感じやすく、好きな食材でも調理の仕方によってイヤな味になることも。子どもが好む味つけや調理方法を考え続けるのも大変です。極端な偏食は別として少しずつ食べられるようにしていけばよいのではないでしょうか。味覚の敏感期を過ぎると子どもの舌も変化していきます。我が家では苦手なものでも食卓に出すこともあれば、食材ではなく**栄養成分で食べ物を見る**ようにすることも。子どもが嫌いなものではなすやにんじんが代表例ですが、これらと同じ栄養成分を含む**ほかの食材に置き換える**のもひとつの方法です。

気をつけたいのが、味の濃いおやつばかりを食べること。舌が刺激に慣れると、食材そのものの味を感じにくく、苦味だけを感じやすくなってしまいます。また間食は適度にし、**おなかを空かせた状態で食事を迎えられるように**。体を作る大切な時期、研ぎ澄まされた舌の感覚で食べることの喜びも味わってもらいたいですね。

【にんじんが嫌い】

■細かく刻んでオムライスに入れる
■ペースト状にして見た目の存在を消す
↓
味やにおいに反応して結局食べられないことも

■トマトやかぼちゃなどほかの野菜に変える
■りんごやみかんなどの果物で補う
↓
必要な栄養成分を摂取することができる！

※果物のみで代用できるわけではなく、あくまでも補助としての役割

注意散漫で食べ物をこぼすことが日常茶飯事。食べこぼしに悪びれる様子もない。

テーブルマナーを学ぶことできれいに食べることの意味を理解できるように。理解したことは実践したくなり、成長につながる。

筋力が未発達で、手先を器用に動かせない時期は、箸や茶碗の扱いも難しいので、上手に食べられないのは無理もありません。**食べこぼすことも成長過程のひとつと捉えてよい**かと思います。手と目の協応力がついてくると上手に食べられるようになります。また、それとは別に**テーブルマナーを伝えて**はいかがでしょうか？

会話で伝えるのが難しい場合、テーブルマナーの絵本もおすすめ。**きれいに食べるということ、箸の持ち方や食器の扱いなど、その意味を知ることで正しく使おうという気持ちになります。**また、モンテッソーリ教育では、**“食事の後始末の仕方”**という学びがあります。落とした米粒を集める、こぼしたお茶をふきんでふくなど。最初は大人と一緒に行っていても5、6歳ごろになるとひとりでできるようになります。**きれいに食べることの大切さを理解し、自分で後始末をする意識が高くなると、ていねいに食べられるように**なってきます。そのころには手先も随分と器用になっていることでしょう。

夕飯を食べる約束でおやつを与えると必ず残す。そのあとにまたおやつをねだられることも……。

“おやつは決まった時間の特別なもの”という意識がつくまでは大人が厳しめに制御を！さまざまな時間設定が生活リズムを作る。

生活リズムを作るには、おやつの時間も決めておきたいです。ただ、毎日が同じようにいくわけではありませんよね。それでも事前に防げることもあります。

我が家を例にすると、息子が幼児期だったころは、自分が時間外におやつを食べるのをできるだけ見せないようにしていました。子どもが**おやつの時間以外につまみ食いをしたくなるのを防ぐ**目的があったからです。また、おやつを手の届くところに置かないようにしていました。おやつボックスを作っていましたが、そこには“おやつの時間に食べようね”と書いたシールを貼っておきました。**“おやつ＝決まった時間に食べるもの”**という意識を持たせるようにしたのです。娘（妹）は甘いものが大好きだったので、甘味の強いものは“おやつの時間”と“特別なとき”に食べることを意識づけしました。

おやつと食事を区別する。夕飯が食べられないときは、“おやつなし”くらいの強い気持ちで接してもよいのではないでしょうか。

好きなおかずだけを食べておなかいっぱいに。ご飯や汁物が残るなど、バランスよく食べられない。

日ごろから食についての会話をしておくこと。“バランスよく食べる”ことの意味を理解し、食に興味を持ち、魅力をより感じられるように。

“バランスよく食べる”という意味を理解するのはとても難しいことです。一品ずつ食べるのが好きな人もいます。国の食文化や料理によって食べる順は異なりますし、最近では栄養吸収のメカニズムによる食べ順もあるようです。こうした背景があって大人でも理解が難しいことを一度に説明するのは大変です。

先にも述べましたが、**テーブルマナーはバランスよく食べることも教えてくれる**ものです。また献立は栄養面を考えていること、旬の食材の魅力などもあります。**普段の会話で体の中や見た目への影響も含めて食事の大切さを伝えていく**のがよいのではないでしょうか。その際、**一緒に栄養成分について調べてみたり、旬の梅でジュースを作ったり、食に関わる体験も役に立つ**と思います。箸を上手に使えるようになることで、食事が楽しくなることもあります。簡単なところから練習していきましょう。日ごろから食を意識することで、食材、味、健康、美容などにも興味を持ってくれるようになると思います。

体調は悪くないのに保育園（幼稚園）を休みたがる。「なにがイヤなの？」と聞いても「イヤだ」の返答だけ。

子どもの心が満たされ、健康でいるには親と目を合わせた状態で十分な時間があること。忙しさの中にも“真に向き合う時間”を作りたい。

子どもの拒絶反応には必ず理由があります。体調が悪い、睡眠が足りていない、友だちとトラブルがあった、**親にあまえたいとか関心を引きたい**など。親に対する感情は普段の向き合い方がポイントになるかと思いますが、向き合っているようで子どもにとっては不十分であることもあります。その場合は次の２点を確認してください。

①目を合わせて話せているか。話を聞いているつもりでも目が合っていないと、子どもは不安になります。**②コミュニケーションが足りているか。**子どもは一日にあったことをアウトプットしたいと思っています。**子どもが話しやすいおやつタイムに少し会話をするだけでも子どもは“満たされた”と感じます。**

大人が思っている以上に子どもは目を合わせることを求めています。夕食後、入浴中、寝る前にするちょっとした会話は、子どもが毎日健康な心を持ち続けられる大切な時間になると思います。どんなに忙しくても確保することで心が保たれ、生活がスムーズになるはずです。

長い距離も時間も歩いていないのにもかかわらず、「抱っこ」といってあまえ、その場に座りこむこともある。

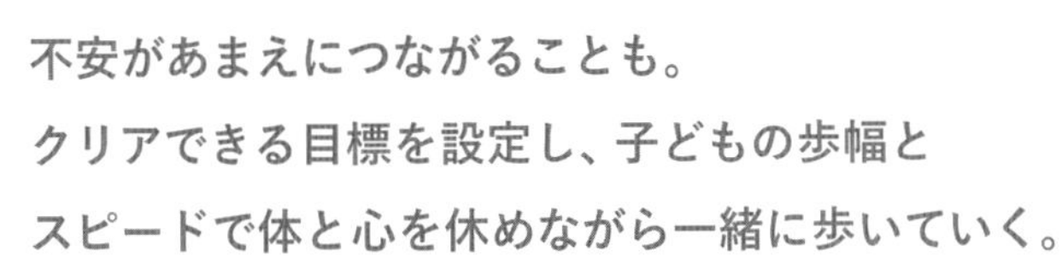

不安があまえにつながることも。
クリアできる目標を設定し、子どもの歩幅とスピードで体と心を休めながら一緒に歩いていく。

大人は行き先や距離がわかっているため、心を整えて歩くことができます。**子どもにはまだ尺度がありません。**お出かけなどで歩く場合、あとどれくらい歩けばゴールなのか、その目安を伝えるのもひとつの方法です。距離や時間では理解できないので、**「あの木まで歩こう」とか「駅までがんばろう」などと目標を定めます。**目標を達成したら抱っこをしたり休憩したりしましょう。余裕があれば次の目標を示して実行し、目標と達成をくり返してもよいと思います。歩きながら会話したり、しりとりしたり楽しみを取り入れるのもいいですね。

また、歩き始める前や、子どもが疲れを感じる前に目標を伝えておくと、子どもは心を整えやすくなります。**歩く際は子どもの歩幅やスピードに合わせ**、買い物などの大人の都合で歩く時間や距離が長くなる場合は必ず**休憩を入れましょう。**常に子どものことを考慮していれば、子どもは心が満たされて、大人が思う以上に力を発揮するかもしれません。

口ぐせのように「疲れた」とアピールしてくる。疲れるような心当たりがないときは放っているが……。

言葉の裏側にある要因を見つけたうえで、楽しいことを想像できる声かけをしよう。親子で苦楽を共に感じていくことが大切。

体調が悪い、体がだるい、寒い、暑い、友だちとけんかしたなど、**“疲れた”の裏側に別の要因が隠れている**のかもしれません。その要因に対して解決しなければならないとか、親からなにかをいわれるかもしれないという思いを隠すために**無意識に“疲れた”という言葉に置き換えている**のです。子どもが「疲れた」といってきた場合は、「今日は幼稚園で○○ができるね」とか「今日はおやつに○○を食べようね」などと声かけに**楽しいことを想像できるような内容**を入れてみてはいかがでしょうか。

大人でも「疲れた」と言葉が出てしまうことがあります。ただ、“子どもがそれを真似しているのでは？”と考えすぎないほうがよいと思います。ため息のように発することで心を整えていることもありますから。それよりも大人も子どもも気分がすぐれないことがあることを伝え、その際に**“一緒に乗り越えていこう”という思いをこめたい**ですね。楽しいことを見つけ合えるようになれば、家族みんなの心が軽くなっていくはずです。

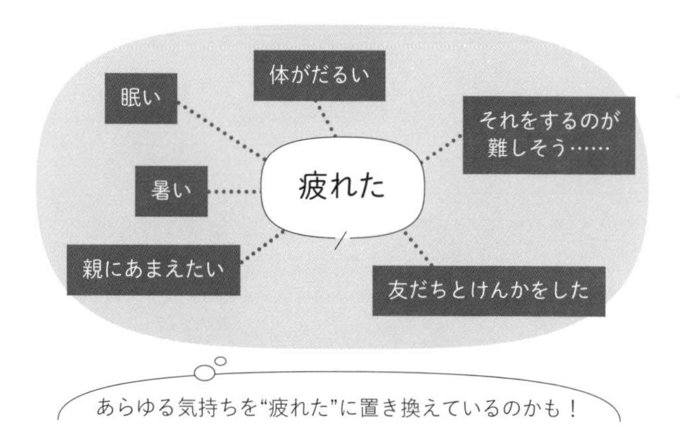

テレビ、スマホ、ゲームをやり続けてしまう。終了を促してもなかなかやめられない。

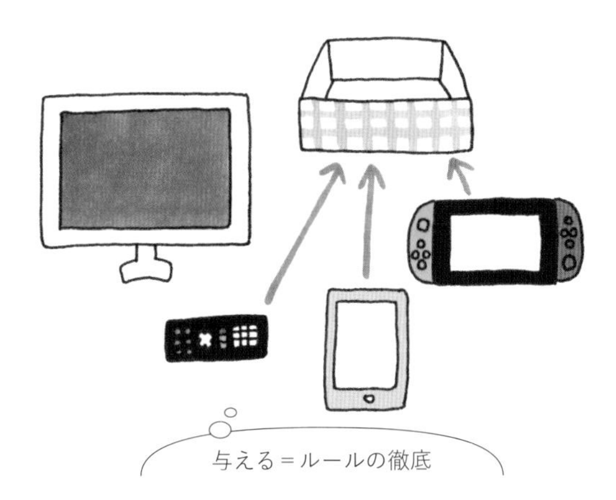

自己管理できる手段をいくつか試してみる。
目につかない場所に置き“なんとなく”を払拭。
強く望む場合は、一緒にルールを作って守らせる。

大人も子どもも楽しいほうがいいに決まっています。テレビやゲームは受動的な遊びで、脳の使い方、体の動かし方が能動的な遊びと異なり、楽だと感じるもの。子どもがそんな遊びに流れてしまうのは当然で、自己管理するのも難しいものです。**タイマーで時間を知らせる、ホワイトボードに予定や注意を書く、自分で遊びを終了できたらおやつにするなど、あらゆることを試しながら、自己管理の練習をする**のが結局はよいかと思います。我が家の例では、子どもが幼いころはゲームを袋にしまい、手の届かないところに収納していました。すると子どもは取り出すのが面倒で、目に触れる機会もないために特別なときにしか取り出さないように。面倒な思いまでしてやりたいわけではなかったのです。またボードゲームや本、パズルなど別のアイテムを用意しました。

もし**その遊びを強く望んでいる場合は一緒にルールを作り、その約束の中で楽しめるようにするとよい**のではないでしょうか。

最初ははりきってやっていたお手伝いも時間が経つと、まったくやらなくなってしまう。

お手伝いは約束事ではなく、お試しの感覚で。成長するにつれてお手伝いの必要性を確認し、協力することの重要性を感じてもらう。

お手伝いの内容が大人が決めたことであれば、その**必要性を子どもが理解**しているか確認してみましょう。子ども自身で決めたお手伝いであっても実行できないのは、不得意である、習い事などで時間が取りにくい、体力がまだない、というような理由も考えられます。まずは**大人がお手伝いリストを作成し、その中から子どもが選び、それを１週間ほど試してみるという感覚**で始めてはいかがでしょうか。その後もお手伝いの内容を見直したり、内容を変えたりしていきます。

幼児期はお手伝いを約束事とするのではなく、学びの体験として捉えるとよいかと思います。この時期は日常生活でさまざまなことを学び、筋肉を動かしてできることを増やしています。家事をする際、余裕がある限り一緒に楽しみたいものです。小学生くらいになれば、お手伝いをルール化し、その必要性を確認し合うとよいでしょう。それは家族という共同体で暮らしていくうえで、**協力が重要であることを感じてもらう**ことにもなります。

陽が傾いても公園から帰ろうとしない。家での遊びも夢中になったらエンドレス。

“時間を逆算して考える力”が育まれていない。行動前と終了５分前の声かけで時間の意識づけを。予定や工程表を作成して動くのもよい。

幼児期は体も脳も心も発達途中。先のことを考えて動くことや**時間を逆算する力はまだ育っていません**。公園で遊ぶ場合は「〇〇になったら終わるからね」などと予定を伝えたうえで遊びをスタートするのがよいかと思います。なにも知らされないまま終了を迎えるより、**事前に声かけがあったほうが、子どもの受け止め方が変わってくる**場合があるからです。

モンテッソーリの教室では**作業が終わる５分前に鈴を鳴らして伝えます**。集中している子どもに突然終了を知らせるより、心の準備をするきっかけを与えたいからです。もちろん時間には限りがあります。**集中するときは集中する、次の予定があるときは行動に移すことを練習しておく**ことで、その後、小・中・高と進学したときに自分で時間を管理できるようになります。

また、マグネット式の身支度表を活用したり、工程表を作ったりして、自分でそれらを見ながら動くのも、時間管理のよい練習になると思います。

トランプなどゲームで負けるとカンシャクを起こす。楽しい遊びの場が一転、険悪な雰囲気に。

**しばらく時間をおき、落ち着いたら話をする。
成長途中だから“できないこと”もある。
年齢に見合ったことにチャレンジするのが大事。**

思いどおりにいかずにカンシャクを起こすのは性格的なものもあるかと思います。もし負けず嫌いな性格の場合は、**“負けることは悪いことではない”ということを教えるチャンス**。また、ゲームや工作、お手伝いなどでうまくいかないときに機嫌を悪くすることもあるでしょう。そんなときは**そっとしておく**ことをおすすめします。それは**自分自身で気持ちの整理をする時間**が必要だから。落ち着いたら再度チャレンジできるようにサポートしてはいかがでしょうか。徐々に心も強くなっていきます。

子どもには体と脳、心の成長状況によって、**どんなにがんばってもできないことがあります。**幼少期の年齢差はとても大きいものです。**子どもの年齢に合ったことを取り組ませ、もしできた場合は少しだけハードルを高くするくらいでよい**と思います。**カンシャクを起こすのは“難しすぎるサイン”**といえるかもしれません。もちろんカンシャクを起こして物や人を傷つけるような場合は、声のトーンを変えて叱ってよいと思います。

目についたものならなんでも「これ買って」と要求。買ってあげてもまた要求をされ、収拾がつかない。

日常生活で持ち物を把握できていることが重要。自分で必要かどうかを考えて判断することで持ち物を最大限に活用できるようにもなる。

まず、**自分の持ち物を把握できているかを確認することが大切**です。幼児期に物の大切さを学び、5、6歳ごろになると、**定期的に自分の持ち物を見直すことを一緒に行ってください**。我が家では幼稚園のときは1か月ごとに見直し、小学生になってからは学期ごとに見直しています。持ち物が少しずつ把握できるようになると、新しい物を家に迎えるべきかどうかを考える時間が生まれます。「買って」→「買わない」は受動的なやりとりでしかありません。**置き場所や収納場所のスペースを踏まえて自分で必要かどうかを考えることが大切**なのです。

考えたうえで購入した物は大切に使うようになると思います。**持ち物が適量であれば、おもちゃや道具を最大限に活用し、そこから得られる学びも深まります**。買った物を使わなくなる、放置しておくという場面も減ってくるでしょう。日常生活で“自分の持ち物を把握する”ことは、物を大切にする、必要性を考える、自分で判断するという力を育むことにつながると思います。

物を選ぶことが苦手で時間がかかる。選べたとしてもダメ出ししたくなるような物ばかり。

選択権を持った子どもの判断は否定しないこと。成長過程に合わせて選択肢を増やしていき、失敗した場合でも振り返ることで学ぶことがある。

なにかを選択する場面で子どもの気持ちを優先するか、大人の意向で決めるかは判断に困るものです。**子どもが主体的に動けるようになるには“選択する力”が欠かせません。**まずは家庭で練習してみましょう。幼児期は２択、３、４歳になると「30分あるけどこの中から好きな遊びをひとつ選ぼうよ」というふうに対象の難易度や範囲を広げていきます。注意したいのは、間違った選択をしても口を出さないこと。**否定されると自信がなくなって選ぶこと自体を避けるように**なります。大人でも間違うことがあります。子どもも同じで判断ミスに気づいたとき、**なにがよくなかったかを考えることも大切な経験。**家の中なら間違えても支障ないですしね。

買い物で子どもが不適切な物を選んだ場合は、話し合う時間を持つのも一手。洋服なら持ち物とのコーディネートを想像する時間を作ります。それでもほしいと要求する場合は思いきって購入し、その後、選択の良し悪し、改善点があるのかを振り返るとよいと思います。

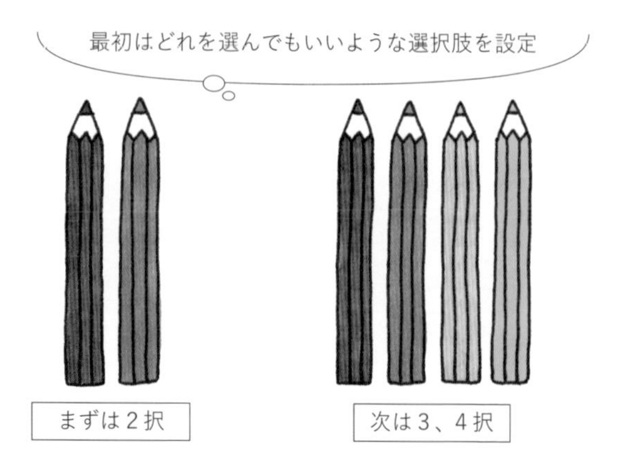

大人がやっていることをなんでもしたがる。「まだできないでしょ」という言葉は通用しない。

【別の例】

水がたっぷり入ったガラスのコップをお盆にのせて運びたい	➡	コップを大人が支えたうえで運ぶならOK！
スーパーでお金を払いたがる	➡	ポイントカードを渡すことから始める

「これできるかな」という声かけで少しレベルを下げた内容を提案し、興味を持たせる。小さな成功体験こそ、挑戦する力を育む。

子どもは大人や年上の子どもに憧れ、常に成長を望んでいます。**成長に合っていないことをやりたがるのは自然なこと**。しかし、危険が伴うことは阻止する必要があります。また、ちょっと工夫して取り組ませる方法も。例えば包丁を使いたがる場合は「このバターナイフでバナナが切れるかな。それができたら次に進めるよ」と**レベルを下げ、できる範囲の内容を提案し、興味を持たせて挑戦させる**のです。**「これできるかな」「これできたら次にレベルアップできるよ」という挑戦させる声かけ**で子どもの気持ちが前に動くことがあります。

小さなステップアップこそ挑戦する力を育むことにつながります。年齢（成長状況）よりもかなり高いレベルのことに挑戦させると、できなかったときの喪失感が大きく、あきらめに変わることがあるかもしれません。大人の気持ちは子どもに伝わります。大人が**“一緒に少しずつやっていこう”という気持ち**で関われると、今に合った段階での貴重な体験ができると思います。

さっきいったことを忘れてしまう。「わかった」の信憑性は極めて低い……。

理解力や記憶力、思考力が発達している途中。大人の伝え方、接し方をていねいにすることで子どもの心と脳が動くようになる。

子どもの脳は成長過程にあります。**先のことを考える、客観的に物事を考える、記憶したことを次につなげるということはとても難しく、目の前のことに向き合うので精一杯**。理解、記憶、動作という一連の流れは、無理なくくり返すことで少しずつ身につきます。“さっきいったことを忘れる”という場面では、少していねいな接し方が必要です。次のことを見つめ直してください。

①理解できる話し方をする。難しい言葉は使わず、情報量を最小限にしてください。**②忘れるものだと捉え、思い出させる。**「昨日もいったでしょ」ではなく、「昨日話したことを覚えている？」と**子どもが思い出す時間**を作ります。覚えていない場合はくり返し伝えます。**③子どもの心に話しかける。**声かけだけではその重要性を理解できないことも。目を合わせることで大人の気持ちが伝わり、言葉の重みも増します。新しい出来事に関しては、大人が思う以上に難しい挑戦です。大切なのはていねいに接することと、そのくり返しだと思います。

電車で立ち上がる、歩き回るなど、落ち着かない。大声を出したり、歌ったりすることもある。

他者との関わり方を学ぶのも成長過程に必要。まわりを意識する習慣が身につくと、大人がいない場面でも対応できるようになる。

子どもが公共の場での過ごし方を理解していることが大切。モンテッソーリ教育には**他者との関わり方の学び**があります。友だちの体に当たってしまったら「ごめんなさい」という、人の前を通るときに「前を失礼します」と声をかける、人の物を勝手にさわらない、みんなが心地よくしている場所では静かにするなど、他者との関わり方を少しずつ身につけていきます。その延長に電車など公共の場があり、そこでは**どのようにして過ごすべきか**を伝えなければ子どもはわかりません。

例えば景色を眺める、絵本を読む、指先を使うだけのおもちゃで遊ぶなど。これらを電車に乗る前に一緒に準備しておくのもよいでしょう。これはすぐにできるものではなく、くり返しの練習です。**幼児期から行っておくと、大人がいない場面でも同じように対応できるようになります。**まわりの人を意識することで、その環境で自身も心地よく過ごせるようになれると思います。それは最終的に子どもにとって幸せなことです。

道路に飛び出してヒヤッとすることがある。注意散漫で、ひとりで外出させることができない。

「危ない！」の本当の意味を理解してもらうには、日ごろから目を合わせて話し合っておくこと。親の心配な気持ちもしっかり伝えたい。

危険を回避するための教えは徹底し、継続したいこと。とはいえ、危険な行動をするかもしれないと恐れているばかりでは、自立しようする子どもにブレーキをかけることにもなります。まずは大人の意識を見直してはいかがでしょうか。**①どんな場面でも親は手をはなしても目ははなさない。②話しかけながら歩く。③「ストップ」などの声かけがあったら必ず止まるルールを徹底しておく。④交通ルールを守れたら「今日は話をちゃんと聞いて行動できたね」と家に帰ってから認める。**

特に気をつけたいのが、「危ないよ！」という声かけだけで、子どものほうを向いていない、もしくは目を合わせていないこと。子どもは言葉の意味合いを理解するどころか、軽く感じてしまう可能性があります。**親が心配している気持ちも伝わりません。**日ごろから目を合わせて話すことが大切です。親子の信頼が深まると、外での声かけも真摯に受け止めるようになるでしょう。不安なことほど、家庭での取り組みが重要になると思います。

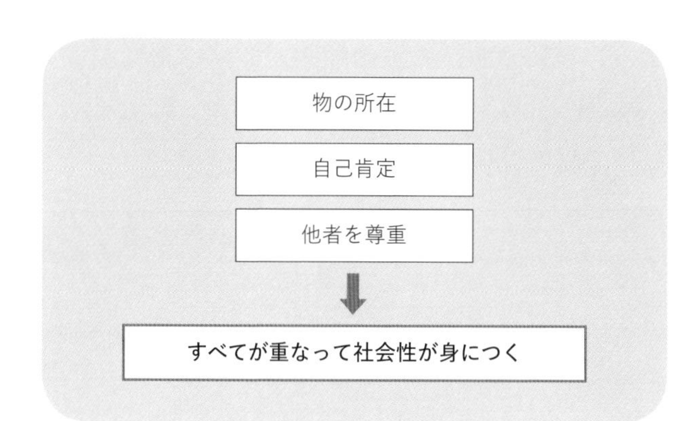

子どもの気持ちに共感したうえで
物の所在と他者との関わり方を伝えよう。
日々の体験で人と物とのつき合い方が身につく。

物の所在を明確にすることが大切です。ただし、自分の物、友だちの物、みんなの物、お店の物の区別は、**他者と関わりながら理解していくことがよい**かと思います。そして、大人の助言が大切です。

例えば、子どもが友だちのおもちゃを勝手に使って注意する場面で「ぼくも使いたいもん」と泣きだしたり怒ったりした場合、「そうだね、おもしろそうなおもちゃだね。でもこれは友だちの物なんだ。なにもいわずに取るのはよくないね」というふうに、**子どもの気持ちに共感（自己肯定感を認める）しつつ、物の所在をしっかり伝えます。**その後、「もし使いたいなら、友だちに貸してほしいと頼んでみようか」と他者との関わり方も教えるとよいでしょう。お店の物をさわってしまう場合でも「これはお店の大切な物で、さわって汚れたり壊れたりしたらお店の人が困るよね」と理由を伝えるとよいと思います。こうした体験から、**物をていねいに扱うことと、人との関わり方の両方を学べる**はずです。

お悩み 28

友だちが使っている物をすぐに取り上げてしまう。お店の物をさわるくせもなかなか治らない。

外出先で目をはなすと、すぐにどこかへ行ってしまう。子どもの名前を叫ぶと、本人はけろっとした表情……。

大人の気持ちを伝えて信頼関係を築いたうえで“大人からはなれるときの約束”を作っておく。幼児期は予防策として捉え、目をはなさないこと。

幼児期は手をはなしても目ははなさないことが大切です。とはいっても常に徹底できるとは限りませんよね。子どもが勝手に大人からはなれてしまう事態を防ぐには、約束事を作っておくのもひとつの方法です。

例えば**「どこに行くかをお母さんに必ず教えてね」**と行き先を具体的に伝えることを徹底しておくとよいかと思います。子どもが「どうして？」と反応する場合は、**「○○くんになにかあったときにすぐに助けに行けるからだよ」という思いを伝えてください。**こうしたやりとりで親子の信頼関係ができていれば、約束事に対する共通認識を持てるようになるでしょう。

また、子どもは大人の表情をよく観察しています。大人が“見ていない”と感じると、約束を破って別の場所に行ってしまうようなことも。幼児期のうちは目をはなさないことは大原則で、**声かけをして常に気にかけていることを感じさせてください。**大人の気持ちを次第に理解できるようになってくるでしょう。

友だちをたたいたことを注意すると、わざとくり返す。さらに注意すると、泣きだして手に負えなくなる。

子どもは体を使って大人の助けを求めている。たたくのがよくないことを伝えたうえで“言葉での伝え方”を教えるチャンス。

よくないことだと理解したうえで感情的になって手をあげる場合は、私の気持ちを“わかって！”というのが表れているのかもしれません。それは**思いをうまく伝えられない合図で、言葉での伝え方を教えるチャンス**。例えば友だちと遊びたいと思っているなら「一緒にしよう」という話し方を教えます。もし断られたら「じゃあ明日遊ぼう」という伝え方があることも教えます。

人とのトラブルの多くはコミュニケーション不足。**特に幼児期は語彙の乏しさからコミュニケーションのとり方に戸惑っています。**大人が言葉の使い方を教えたり、さまざまな場面を経験したりすることで、少しずつ人との関わり方を身につけていきます。また、**単に親にかまってほしいという気持ちだけの場合は、目を見て話す機会を増やしてください。**スキンシップも大切なことですが、会話は愛情につながり、信頼関係を深めていくものです。子どもは大人が思っている以上に目を合わせて話しているかを重要視しています。

保育園に入園できず、同世代との接触が少ないからか、公園で遊ぶ子どもの輪に入っていくことができない。

未就学のうちは平行遊びで楽しめる時期。“友だちと一緒”がすべてではなく、今の環境に合った関わり方を大切にしよう。

たくさんの子どもの中で過ごすことは、さまざまなことを経験し、学びを深めることにつながります。ただ必ずしも集団生活に身を置かないと人とのつき合い方が身につかないわけでもありません。**特に2、3歳くらいまでは“平行遊び”といって各々の遊びを楽しむ特性があります。**集団で遊んでいるように見えて、実はひとりで遊んでいるのです。友だちと協力したり一緒に遊んだりするようになるのは年長くらいです。

協調性は小学生になってからでも身につきます。子どもには大人よりも高い順応性があります。ですから焦ることなく、**今の生活に合った環境で子どもが必要とすることに目を向けては**いかがでしょうか。例えば近所の公園に行くだけでもよいと思います。仮にそこにいる友だちと一緒に遊ばなくても、**友だちの声を聞きながら平行遊びをすることができます。**もちろん遊びに誘われたり、逆に子どもが友だちに歩み寄ったりした場合は、一緒に楽しめるといいですね。

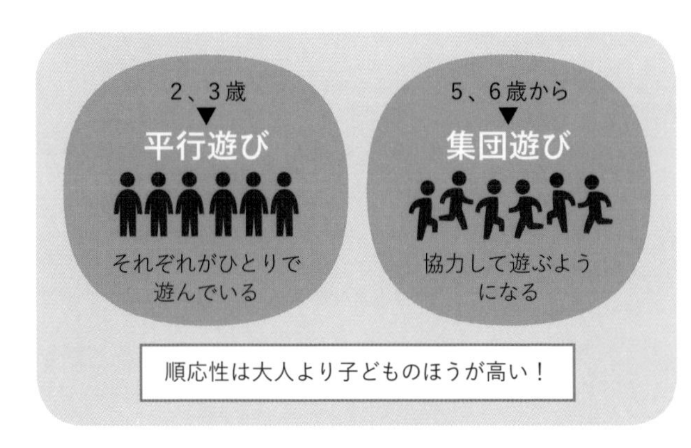

近所の人やお店の人にあいさつができない。声をかけられても恥ずかしがって親の背後に隠れる。

**“あいさつするべき”という圧力をかけていない？
何事も大人の手本を見て学んでいくもの。
子どもに“そっと手を当て”一緒にあいさつを！**

人見知りは育った環境も影響しますが、生まれ持った性格もあり、成長過程で自然に表れるものです。**自分と他者の存在の違いを認識し始め、客観的に自分を見られるようになってくると恥じらいや警戒心が出てきます。**これは本能のようなものなので、それが悪いことではありません。その状態で**「あいさつしなさい」とか「ちゃんと話しなさい」といっても逆効果**です。大人の後ろに隠れてしまうような子どもの場合はなおさら。“あいさつができない子どもだと思われたくない”という気持ちが無言の圧力になることもあります。

子どもは大人をよく観察しています。あいさつも同様で、大人がするのを見て学び、徐々にできるようになることもあります。また、**子どもの肩にそっと手を当ててあいさつする**方法もあります。これは一緒にあいさつしているような仕草に見えます。**その雰囲気は子どもがあいさつをするきっかけになり、タイミングなどあいさつのコツをつかむことにつながる**でしょう。

目的の物を自分で探そうとしない。自分の物なのに親に頼るのが習慣になっている。

自分の意思で物を扱う機会はある？ 持ち物を管理できると、誰かに頼る必要はない。管理できる環境を見直してみよう。

「ハンカチはどこ？」「色えんぴつ持ってきて」といつも親に頼ってしまうのは、子どもの意思で物を扱う機会が少ないからかもしれません。それは、まだ大人に促されて動き、物を扱っているともいえるでしょう。持ち物のある場所が決まっており、自分で管理できるようになると、誰かに頼る必要がなくなります。そのためには**使う頻度の高い物は、子どもが扱える場所に保管する**のがよいと思います。また、できるだけ**同じ場所に持ち物が集まっており、物の量も限定すると、持ち物を把握しやすくなります。**これはおもちゃや衣類でも同じです。

環境が整ったうえで「〇〇はどこ？」と聞いてきたら、「どこに置いたかなあ。思い出して」とか「最後に使ったのはいつだったかな？」と返答し、子どもに**行動を振り返ったり、想像したりする時間を作ってください。**子どもは徐々に自分の物や行動に責任を持つようになります。そのためにも、大人に頼らなくてよい環境や状況を作ってみてはいかがでしょうか。

「好きじゃない」「おいしくない」とわざと否定語を使う。ルールとは反対のことをしてふざけることもしばしば。

**不安で、大人の反応をうかがっている。
コミュニケーションを増やして安心させ、
素直な気持ちの伝え方を教えていこう。**

気持ちとは反対のことをわざという場合、大人の反応をうかがっている可能性もあります。“怒るだろうか、怒らないだろうか”**“自分のことをわかってくれるだろうか”という不安な気持ちがあり、素直に表現できない**のです。この状態で叱るだけではよい方向へ進みません。まず、子どもに安心感と信頼感をもたらすことが大切。それは**スキンシップやコミュニケーションで得られる**こともあります。例えばとなりで一緒に絵本を読む、子どもの言葉から話題を広げるなど。“大人が自分をちゃんと見てくれている”と感じていくはずです。

これらを経たうえで、例えば本当はやりたいのに「イヤ、やらない」と反対の言葉を発した場合は「そうなのね。じゃあ、やめておこうか」と大人の気持ちを素直に伝えます。「でもちょっとやりたいんだよな」などといえば進展の表れ。「本当はしたかったんだね。したいといわないと人には伝わらないよね」と言葉の正しい使い方を教えます。**子どもの心の絡まりが解かれる**でしょう。

友だちは親からいろいろ願いを叶えてもらっており、同じ要求をされて断ると、「なんで？」となり……。

アイデンティティが育ち始めている証。子どもに理由を自分の言葉で述べてもらい、不必要、無理なものは話し合いで考える時間を。

子どもが友だちと比較し始めるのは、脳が成長して**自分と他人の違いを識別できるようになっている**証です。アイデンティティが育ち始めているともいえます。多様性を育てるチャンスかもしれません。考え方、生活習慣、お金や時間の価値観の違いなど、自分と他人とは違いがあって当然だということを、家庭の会話の中に少しずつ取り入れていくとよいのではないでしょうか。

子どもの要求の可否の前に、なぜそれを叶えたいのかを**自分の言葉で話させましょう**。それはプレゼンテーション能力を育てることにもつながります。うまく話せないときは、助言をしながら自身の言葉を引き出させてください。なんらかの理由で**要求を叶えられない場合は、理由と実現するための課題や目標を一緒に考え、気持ちを切り替えられるように**します。気をつけたいのが、大人が必要ないと感じているのに仕方なく叶えることや、ごまかして話を終わらせること。それが親子関係をゆがませるかも。可否の前に話し合いの場を設けましょう。

PART 2

苛立つときは、子どもの状態を知るとよい方向に

反射的に「なんで？」といってしまい、子どもが萎縮。後悔しては自分を責めることのくり返し。

叱ってしまったあとの接し方が大切。“理由を聞く”“感情の伝え方を教える”という練習をくり返すことで変化していく。

必要でない場面で物を投げる子どもに苛立ったことはありませんか。1歳ごろなら、腕を動かして楽しんでいる、物の移動する様子をくり返し確認しているなどの理由がありますが、5、6歳では別の理由が考えられます。意味もなく“物を投げる”“怒る”のは、**語彙が少ないがために感情を言葉にできず、行動で解決しようとしたり、気を引こうとしたりしている**のかもしれません。“物を投げて感情に表す＝悪い子”とは決めつけないでください。大人が感情的になると子どもは違う気の引き方を考え、本音を話さなくなることも。もし反射的に叱っても次の接し方を試してください。①**「どうして投げたか理由を教えて。今いいたくないならあとでいいから」とたずねる。②話し始めたら手を止めて聞く。③イヤの理由を共感したうえで「理由を言葉で伝えてみよう」と解決方法を教える。**くり返すうちに感情を言葉に置き換えられるようになります。ただ、物を投げることや八つ当たりがよくないこともしっかり伝えてください。

お悩み 37

いうことを聞かないとき、ついつい「鬼」や「サンタクロース」を使ってしまう。

“嘘”はその場しのぎで、やがて反発が生まれる。必要性を一緒に考え、環境を整えることで少しずつ自分の意思で行動できるようになる。

怖い存在を使って子どもの気持ちを動かすことで、いつしか子どもは「親は嘘をついている」と感じるようになります。鬼が実在しないことに気づいたとき、子どもはどう思うでしょうか。いざ思春期になって「嘘をついてはいけません！」といっても反発心を抱かせることに。このような対処はその場しのぎにしかすぎません。**すべてを完璧にこなすことより、「なぜそうしなければならないか」を一緒に考える**ようにすることが大切です。

例えば寝る時間に遊び始める場合、①**「タイマーが鳴ったよ。今日はおやすみね」と音や目視で伝える。②部屋を少しずつ暗くして寝る雰囲気を作る。③自分の体について考える機会を与える。**「速く走れるようになるためにパワーを満タンにしよう」など、睡眠の必要性を想像しやすい、短い言葉にして伝えます。④**大人も寝る雰囲気に合わせる。**大切なのは、できたりできなかったりをくり返すこと。その過程で家族のルールを作り、少しずつ自分の意思で動けるようになればよいと思います。

間違う、遅い、なにもかもが雑、失敗しそう……。やっている途中で口出ししてしまう。

口出しは子どもの経験と集中力をうばうことに。見守ることで、気づき、思考力、集中力が育まれ達成感を得ながらステップアップしていく。

子どものことが大切だからこそ、口を出したくなるのは当然のこと。ただ、子どもは大人のように経験がなく、完成形も知りません。小さな失敗をくり返しながらできることを増やし、物事を成し遂げるための手段を見つけていきます。口出しはその機会をうばい、さらには中断によって集中力を遮ることにも。最初は、**子どもが取り組んでいるときはそっと見守る**のがよいでしょう。

次に、**①失敗を自分で気づけるか、様子を見る。**満足した表情は達成感を得ている証なので、「できたね」と声かけを。**②失敗に気づけずに次の行動に移ろうとした場合は、見本を見せながら「よく見てごらん」と振り返らせる。③「よかったら見本も参考にしてみて」と提案してはなれる。**このくり返しにより、子どもの集中力や思考力が育まれ、自分の行動を振り返りながらステップアップできます。子どもが反発した場合は無理に推し進めないように。なにかほかに理由があるかもしれません。

取り組んでいるときは、
そっと見守る

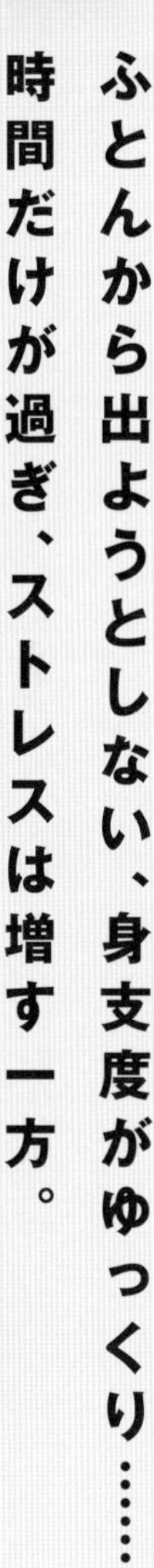

子どもと大人とでは時間の流れの感じ方が違う。タイマーや声かけを活用して時間への意識を身につける練習を一緒にする。

出かける時間が迫っているとき、子どものだらだらとした姿に焦りを感じることがあるでしょう。そんなとき、**まずは子どもの体調を気にかけるべき**。眠いだけかもしれません。単にだらだらしている場合は、**“時間の流れを教えること”が大切**だと思います。子どもは時間の感じ方が大人と違い、体内時計はゆっくり。なんとか自分で動いてもらおうとガミガミいうのは、子どもにはストレスで、大人も気力を消耗されるだけです。

時間の意識づけにタイマーの活用をおすすめします。時計が読めなくても時間を意識できます。また、大人がタイマー役になり、「7時30分だよ」とか「あと少しで着替える時間だよ」などとお知らせしながら身支度を進めるのも解決策。“身支度表（P.27参照）”を貼っておくのもよいでしょう。子どもの取り組みを見守るのは大切なこと。ただ、社会で生きていく以上、時間を意識することは避けられません。自然に身につくものではないので一緒になって“時間を守る練習”をしていきましょう。

「ママ」と呼ばれただけなのに腹が立ち、「なに！」と強い口調で返答してしまう。

まだ自分で考えて行動する力がないだけ。質問形式にして子どもが考える時間を作り、自分の意思で行動できる“自信の種”をまこう。

親は助けてくれる存在。「お母さん」「ママー」と呼びかける理由のひとつに、**自分で考える習慣がついていない**ことが挙げられます。考える前に“聞く”“呼ぶ”という行動が続くと大人はストレスに、子どもは助けがないと動けないままです。

まず、“子どもが親を呼ぶ回数を減らす”ための対策を講じましょう。①**「どうしたの？」と子どもの目を見て話を聞く。**大人が聞いていないと感じると、子どもの声はどんどん大きくなります。②**「そんなときはどうしたらいいと思う？」と子どもが考える時間を作る。**一瞬でも考えようとすることが大切です。答えが出なくてもかまいません。③**答えが出なかった場合はいくつか提案をする。**④**最後に「わからなかったらまた聞いて。でもまずは聞く前にどうしたらいいか考えてみようね」と声をかける。**最初は大変ですが、くり返すうちに考えて行動する力がついてきます。それは同時に**“自信の種”をまく**ことにもなります。

怒って注意すると大声でわめく。泣き声を聞くだけで、もうイヤ！

気持ちを伝えたいのに言葉がうまく使えず、泣いてメッセージを出しているのかも。“聞く→答える”の練習で、言葉の表現が豊かに。

泣くことはひとつの表現で、メッセージです。ただ5、6歳になっても泣くことでしか意思を伝えられないのは、なにか解決策が必要かと思います。言葉をうまく使えなくて気持ちを表現できないのかもしれません。**言葉でのコミュニケーションは家庭から**始まっています。子どもの話を聞き、答えるだけでも十分です。

子どもの心が解放されるおやつの時間などを利用し、**子どもの話を“聞く→答える”を楽しんで**ください。5、6歳になれば“正しい言葉に置き換える”ことにステップアップしましょう。イラストの親子の会話がその一例です。ポイントは**言葉を置き換えて答える**ことです。また「できない」と泣いていたら「やり方がわからないから教えてといってみよう」とお願いする方法を教えます。気をつけたいのが子どもの話をシャットアウトしてしまうこと。言葉で表現する楽しさ、必要性を感じなくなってしまうのは残念です。どんな簡単な言葉でもよいので置き換えていくようにしてみてください。

何度いっても同じことをする我が子にあきれるのを通り越してむなしくなる。

記憶力は発達の途中段階。子どもに“思い出させる時間”を作ると、くり返し伝えていく過程で状況が変わってくる。

子育てをしていると「何度も同じことをいいたくない」と思ってしまうことがあるかと思います。心に留めておいてほしいのは、**幼児期の子どもは長期的に記憶するのが難しく、複雑なことは把握しにくい状況**にあること。大人でも一度にたくさんの情報が入ってくると頭がパンクしますよね。子どもにとっては毎日が新しいことだらけで、めまぐるしくたくさんの情報が入ってきています。**前できたことができない、忘れてしまったというのは当たり前のこと**だと思ってもよいでしょう。

何度も伝え、見せてあげてほしいのですが、くり返すだけでは大変ですよね。その際、「前にしたことを思い出してみて」と**子どもに思い出させる時間を作ってみて**はいかがでしょうか。“忘れたら教えてもらえる”ではなく“考える意識を持つ”ことで、記憶に留めておこうとする力が働くようになります。思い出せなくてもかまいません。一瞬でも思い出そうとする姿勢が、主体的に考えて取り組むことにつながっていくはずです。

「寝なさい！」といっても寝ようとしない。毎晩のようにイライラしてしまう。

“寝るモード作り”が就寝の習慣につながる。ある時期に寝る大切さを教えれば子どもは次の日を期待して眠りに入れるように。

ショートスリーパーやロングスリーパーなど、寝る習慣や睡眠サイクルには個人差があり、子どもも同様です。睡眠の大切さは「寝なさい」のひと言で伝わるものではありません。成長過程のどこかで教える必要はありますが、まずは**“寝るモード作り”**を行ってはいかがでしょうか。**部屋を徐々に暗くする、テレビや音楽は消す、絵本を読み聞かせる**など。もし絵本を何冊も「読んで！」といわれたら、場合にもよりますが「もうおしまいね」といって寝る方向へ持っていくのがよいかと思います。大人の声を小さくしていくなど、家庭オリジナルの“寝るモード”を作るのも楽しいでしょう。
「どうして早く寝ないといけないの？」と子どもから質問があったときは、寝る大切さを教えるチャンスかもしれません。「寝ている間に走るための力が体にたまるよ」とか「体の中も眠るから、またおいしく食べられるようになるよ」など、**子どもの好きなことが満たせる力に置き換えて話すと伝わりやすい**と思います。

「ほしい」とねだられて買ったのに、結局使わず……。また新しい物をほしがり、嫌気がさす。

自分の持ち物を把握できる環境作りが近道。本当にほしい物、必要な物がわかると無駄買いもなく、物を大切にするようになる。

買ってすぐ使わなくなる、あきてしまうのは、**子どもが"自分の持ち物を把握できていない"ことが理由**かもしれません。これは大人にも当てはまると思いますが、物が散乱していると、なにが自分にとって必要な物かを見失います。**"よく使っている物""大切にしたい物"がなにかを確認しながら子どもと一緒に片づけ**てください。持ち物が整うと気持ちも整理されます。そして使っていない物、年齢に合わなくなった物、今必要のない物は、いったん別の場所（見えないところ）に移動させます。すると空間に余裕ができて見映えよく、物の出し入れがしやすくなります。

こうした環境を作ったうえで「これほしい」と要求してきたら**子どもに収納場所やアイテムを思い出させる**ようにしてください。「どこに置くの？」とか「あのおもちゃの代わりにしようか」などと提案できます。すると「やっぱりいらない」と思うことも。本当に望んでいる物を理解し、物を大切に扱えるようにもなるでしょう。

理由を聞いても泣きながらしゃべるのでなにをいっているかわからず、もどかしい。

まずは親子ともに“落ち着くこと”。
冷静な状況になったときに話を聞くと、
答えやすく、伝えやすく、解決につながる。

「公園で……」「○○ちゃんが……」と泣きながら話しかけてきた場合、「なにがあったかいいなさい」などといっても前に進みませんよね。こうしたケースでは、**落ち着かせること**が先決。「落ち着いたら教えてね」「大丈夫、お茶を飲んでみようか」などといって、冷静になるきっかけを作ると同時に、大人も冷静でいることが大切です。イスに座らせる、手を握るなど落ち着かせる手段がいくつかあるといいですね。そして**落ち着いたら「なにがあった？」と重い雰囲気にならないよう、いつもと同じように話しかけます。**コミュニケーションのとり方（P.49参照）も参考にしてください。

興奮して物に当たったり、暴言を吐いたりしている場面でも同様。そこで向かい合ってもヒートアップするばかりです。そして落ち着いたときに「腹が立つのはわかるけど、投げることはやめよう」「人を傷つけるような言葉を使うのはやめよう」と必ず話します。**親子ともに“落ち着く”**ことを心がけたいものですね。

詳しくていねいに説明しているつもりだけど、子どもは理解しないどころか、泣きだしてしまい……。

話が長いと理解しにくく、心に留まりにくい。すべてを伝えたいという気持ちをぐっとこらえ要点を絞って端的に話してみよう。

教えている途中で泣いてしまう理由は、納得がいっていない、理解できていないなどさまざま。伝えたいことがいろいろあっても、**ぐっとこらえ、できるだけ端的に要点を絞って伝えることが近道**です。例えば真冬にアウターを着たがらない場合は「今日はとても寒くなるんだって。寒いとつらいから暖かくしておこうか」とか、友だちの物を悪気もなくさわった場合は「これは○○くんの物だね。さわってもいいか聞いてみよう」などと伝えます。長々と話すと子どもは言い訳をしたくなります。思ってもいないことを話しだしたり、泣いて訴えたりすることもあります。

叱ることは、子どもがよい方向へステップアップするために悪いことではありません。しかし**大人の思いを優先してしまうと、それが子どもに伝わって反発心が生まれ**、本当の解決につながりません。叱る場合は子どもの気持ちに共感しながら、なにをどうするのがよいかを伝えるとよいでしょう。

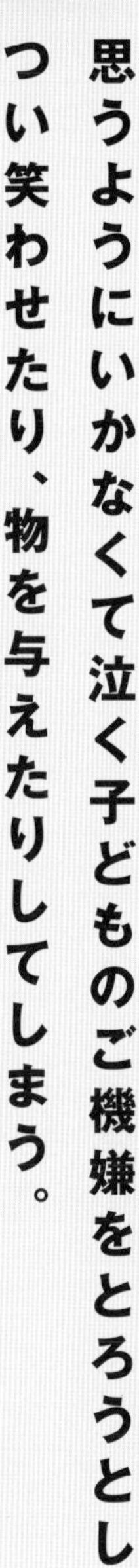

思うようにいかなくて泣く子どものご機嫌をとろうとし、つい笑わせたり、物を与えたりしてしまう。

**ご褒美やご機嫌とりは、家の外で使う最終手段。
まわりを気にしなくてすむ家の中で
日ごろから一緒に練習をして自信を高めておこう。**

機嫌をとるのは最終手段として電車内など公共の場や、まわりに気づかうべき場面にとっておきたいものです。幼児期に**一番に求めているのは自分でできたという自信や、意欲が満たされること**。それをご褒美やご機嫌とりでうばわれてしまうと、自信や意欲が物に置き換えられ、自己肯定感が育ちにくくなります。

ほかにも歩きながら食べる、おもちゃを片づけない、お風呂に入ろうとしないといったことは、**日ごろから家で大人と一緒に練習して解決できるようにし、子どもの心を動かすようしておく**のがベストです。練習方法は、伝えなくてはいけないことは面倒くさがらず伝える、話し合いを増やす、目標設定をして一緒に取り組むなど。うまくいかなくて泣いたり怒ったりしても、家であれば周囲を気にする必要はありません。練習しておくことで外でもできるようになり、それが自信となって挑戦する意欲も高まります。**“家での練習”は外の世界で自信を持って行動するために欠かせないこと**なのです。

話しかけても上の空、もしくは無反応。苛立つとともに声を大きくしてしまい……。

子どもが集中しているときは時間を改める。名前を呼びかけ、目を合わせて話し始めると子どもの聞く姿勢が身についていく。

大人でもふいに話しかけられると、自分に話しているのかどうかわからないときがありますよね。**子どもは集中し始めるとまわりが見えなくなる**特徴があり、声が耳に入っていないことも。決して話の聞けない子どもではありません。話すタイミングが重要です。

子どもが集中しているときは話しかけるのを改めるとよいでしょう。それでも話さなければならないときは**「今、話をしてもいいかな？」と子どもに伝えてからにする**とよいと思います。**名前を呼ぶ、振り向いたときに話す、目を見て話す**ということも大切。「○○くん」→子どもが振り向く→家事の手を止めて目を見る→目が合う→要件を伝える、という流れです。目を見ると子どもは瞬間的に話を聞く姿勢になります。**“目を合わせること”**が話を上手に聞いてもらう一歩目かもしれません。これは小学生、中学生になっても同じ。**向き合おうとしている気持ちは子どもに伝わり**、くり返し行うことで“話を聞ける人”に育っていくと思います。

忙しいときに限ってお願い事が続き手が回らなくて心がパンクしそうになる。

お願い事が減る＝子どもができることが増えているということにフォーカスを当てることが賢明。まずはお願い事の理由を探ること。

子どもは大人に“なんでもしてもらえる”ことを望んでいません。**求めているのは、自分でできるようになること。そのために大人の助けが必要**です。**「どのようにしたらひとりでできるか」「できることを増やせるか」**ということにフォーカスを当ててみましょう。

例えば、通園袋に「コップを入れて」と頼まれたら、①「袋にコップが入らないの？ それとも袋にコップを入れられないの？」と聞き、心境を探る。②袋が小さい場合は袋を変える。③自分で入れられない場合は「次からはひとりでできるようにお母さんがやってみるから見ててね」と手本を示す。④「またわからないことがあったら聞いてね」とお願いする方法を教える、というふうに。**どうしても時間のない場合は、「洗い物が終わったら手伝うから少し待ってて」と伝えましょう。**素早く手本を見せたり、やり方を短く伝えたりするだけでもかまいません。できることが増えていくとお願いの回数が減り、いずれ親御さんも助かるようになるでしょう。

「見たよ」といっても「見て、見て」としつこい。こんな状況がいつまで続くのかと思うと憂鬱に。

**自分の要求を満たしてほしい気持ちの表れ。
真正面に向き合うことで、「見て」の回数は減り
子どもに自立心が芽生え、心が強くなっていく。**

5、6歳ごろの子どもが「見て見てー」と何度もいう場合は、自分へ注目を向けさせたく、なにかしらの反応を求めているのかもしれません。大切なのは反応の仕方です。**①呼ばれたときは、必ずなにかしらの返事をする。②すぐに対応できる場合は見てあげる。用事の最中の場合は「ちょっと待ってね」と伝える。③見たあとは具体的に感想を伝える。**①②③をくり返すことで、**子どもは安心します。**肝心なときは見てくれるものだと大人を信頼すると、結果的に「見て見てー」という回数を減らすことになり、なにより子どもの心が強くなっていきます。「お母さんが手をはなせなかったり、誰かとお話ししたりしていることもあるから、それが終わるのを待ってから話してね」という対処が必要な場面もあると思います。その場合は必ずあとで見にいってください。また、放っておく回数が多くならないように注意を。「また来てくれなかった」と不安になり、要求の表し方が物を投げるなどの別の行動にすり替わってしまうかもしれません。

あとで必ず見にいき、感想を伝えるように！

手伝おうとしてくれるのはうれしい反面、時間がかかり、手間も増えるので断ることがしばしば。

“やりたい”という気持ちに応えることが成長に。それを叶えられる行動は、日常生活にあふれている。そのくり返しの先に手伝いがある。

幼児期は“大人と同じことをしたい”という気持ちが強く、**成長したいと思うからこそ、できるかどうかよりも“やりたい”が前面に表れます**。運動や感覚器官の成長が著しい時期でもあります。子どものやる気を満たしながら大人に負担のない対応にしたいものですね。

そのためには、**日ごろからできることを増やしておく**こと。例えば、洗濯バサミで物をはさむ、水を瓶から瓶に移す、ボタンの留め外しなど。細かな手や指先の動きは、あらゆる活動の基礎になります。くり返すことで芋づる式にできる作業が増え、活動の幅も広がります。また、**子どもが要求する活動のすべてではなく、部分的に行ってもらう**方法もおすすめ。例えば料理のお手伝いでは、野菜をキッチン用ブラシで洗う、材料を混ぜる、粉を入れるという簡単なことでよいのです。日常生活でお手伝いの練習となる行動はあふれています。身近な物で手の動かし方を覚え、筋肉を育て、自信をつけさせてください。

子どもから「嫌い」といわれてショック。「こっちだって嫌いよ」といいそうになることも。

幼児期に母親を嫌いな子どもはいないはず。
親子の信頼関係を深めるチャンス。
子どもの真意を探り、言葉の使い方を教えよう。

「お母さん嫌い」「ママ、イヤだ」といっても、本当にそう思っている子どもはいないでしょう。それを真に受け止めるより"嫌いの裏"にあるものを探り、親子の信頼を深めるチャンスと捉えてください。子どもが物を投げて怒るようなときと似ていて、**言葉でうまく表現ができないから「嫌い」という言葉で気を引こうとしている**のかもしれません。そんなときは、①**「嫌いっていわれてとても悲しいんだけど、なにかあった？」と聞いてみる。②子どもが理由をいっているときは最後まで聞く。③「そういうときは、○○してほしいとちゃんと理由をいってね」と伝える。**また、「嫌いといわれたら誰でも傷つくよね」と言葉の使い方も教えてください。

大人が「嫌い」といわれたからといってすねたり、怒ったりすると、このやりとりが続いていくことになるかもしれません。言葉で表現することがまだ難しい年齢だからこそ、**言葉の使い方を教え、コミュニケーションのとり方を身につけさせる**ようにしてください。

子どもに怒った直後、自分の勘違いだと気づく。でも素直に謝れず、怒りの矛先を探してしまう。

**大人の威厳は信頼関係が築けてこそ。
冷静になって素直に謝れば、それが手本となり、
親子関係は良好に、お互いの気持ちは安定する。**

子どももひとりの人間として人格を尊重することが大切です。大人が間違えたり勘違いしたりしている場合は、素直に謝るのが当然のこと。大人の感情は横に置いておけるようにしましょう。なぜなら**謝る姿は大切な手本**ですから。子どもが成長し、道徳心が高まっていくと物事をより真摯に受け止めるようになります。謝る姿勢を持てることでバランスのとれた心を育むことになるでしょう。

大人がかたくなに謝らない姿勢を示すと、信頼関係が失われていくことにも。**子どもは大人を真似しながら成長していく**わけですから、友だちや先生に素直に謝れなくなる可能性もあります。思春期になって親子の良好な関係を築きたいと望んでも思うようにいかないかもしれません。過ちがあった場合は「お母さんが勘違いしていた。ごめんね。本当は○○だったね」と伝えてください。子どもが「いいよ」となれば「これからはちゃんと話を聞いてから答えるね」と返答を。謝れる大人の姿を見て、より大人を尊重するようになるかもしれません。

口ぐせのように「すごいね」といっているようで、「なにがすごいの？」と聞き返されて面食らった。

“ほめる”ことにクローズアップしすぎないこと。感想や対策を“伝える”ことにフォーカスを当て子どもの“できた”という経験を大切にしよう。

叱ることやほめることをクローズアップすると、本質を見失うことがあります。モンテッソーリ教育では、子どもへの大げさな称賛はそれほど必要がないといわれています。子どもが本当に喜びを感じられるのは“できた”と心底満たされたときだからです。ほめることがダメなわけではありません。**そのときの素直な気持ちを表現する**という感覚でいられるとよいと思います。

「○○ができたね。今日はここまでがんばれたね」と具体的な言葉にするのもよいでしょう。また、物をこぼしたときは「○○がこぼれたね。こぼれたときはふきんでふこうね。こうして両手で持ったらこぼれないね」というように**対策を伝えることを意識すれば、“叱る”ということをクローズアップする必要もなくなります。**子どもの“できた”という気持ちが大切。できなかったときは、次にどうするべきなのかを考えることが大切です。**叱る、ほめるという意識を“気持ちを伝える”に変換し**てみてはいかがでしょうか。

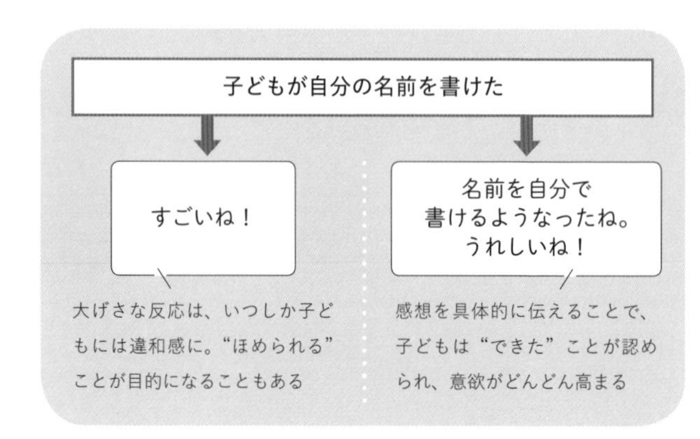

誰もができていることが、できない……。焦りから不安、さらには怒りに発展する。

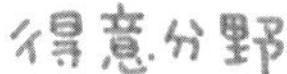

苦手分野

大人にも子どもにも個性があり、それが人の魅力。よいところを伸ばし、苦手を少し克服し、子どもの自己肯定感を高めることが大切。

子どもそれぞれに個性があることを改めて理解してください。個性は環境によって変化します。また、必ずしも万能であることが求められているのではなく、よい部分を大切にすることで個性が光っていきます。比べられることで自己肯定感が下がることも大いにあります。比べられた友だちとの仲が悪くなることもあるかも。比べないために次の対策をおすすめします。

①環境を整える。例えば身支度ができない場合、取り出しやすい収納かを見直します。運動能力が心配なら、普段一緒に体を動かしているかを振り返りましょう。**②子どものいいところを見つける。**折り紙が得意、料理が好き、話し上手などよいところを見つけ、折り紙の本を１冊増やす、お手伝いの種類を増やすなど環境のグレードを少しだけ高めます。**③苦手分野は無理をさせず、少しだけ引き上げることを意識。**字を書くのが苦手なら、なぞり書きをするのもよいでしょう。そこで達成感を得られたら前進しやすくなります。

子どもに振り回されて一日が終わる日々。自分の時間はなく、なにをするにもやる気が失せる。

大人が過ごしやすい環境作りを見直しては？子どもが自ら動けるようになる環境につながり成長とともに大人の時間が増えていく。

自分の時間がないと感じているとき、身のまわり、特に家の中の環境が整理されていないことがあります。整理されていれば物を把握でき、子どもも自分で見つけて取り出すことができ、「あれどこ？」の回数が減るだけでも時間が生まれます。１か月に１回、体力のあるときに家を片づける時間を設け、不要なものは処分して**物が把握できる環境にしておくと、その後の時間にゆとりが出てくる**はずです。

また、時間の整理も重要。例えばボードに身支度のアイコンのマグネットをつけた身支度表を用意し（P.27参照）、子どもが一日の流れを把握できるようにしておきます。**一日の流れを考えて率先して行動できるようになれば、大人の手をかける時間も減ってくる**でしょう。習慣が身につけば寝る時間も早くなり、大人の時間が生まれるわけです。子どもが行動しやすい環境は、大人も行動しやすい環境。**空間と時間の整理は過ごしやすい環境を実現する、子どもと大人の共通ポイント**なのです。

パートナーのちょっとした協力に感謝できない。「手伝おうか」のひと言で怒りがこみあげてくる。

“どんな子どもに育ってほしいか”という目的を共有しておこう！“子どもの成長が協力の結果”になるように。

“父親の子育ての協力度が高いと子どもが伸びやすい”という見解があるようです。家族という共同体で生活している以上、家族の協力があったほうがよいに決まっています。大切なのは、物事がスムーズに進むかどうかよりも共通の目的を持つこと。それは**“どんな子どもに育ってほしいか”ということを日ごろから話し合っておくこと**かもしれません。例えば、なにかひとつをパートナーにお願いし、その結果を伝えてみてください。結果は“自分がどう楽になったか”ではなく、**“子どもがどう変わったか”**というもの。その変化がパートナーのやりがいにつながると思います。

子育てに限らず、家事をお願いしてもよいでしょう。例えば“自分が子どもの勉強を見ている間に洗い物をしてもらう”“寝かしつけの絵本を読んでいる間に風呂洗いをしてもらう”など。どのような協力がふさわしいかは、家庭によって違うと思いますので、やはり話し合うことが一番ですよね。

子どもから感謝されていないように思う。自分のがんばりを認めてもらいたいのに……。

“感想や感謝を伝える”ことを日常的にしたい。家庭に“認める”という雰囲気が漂っていると子どもも同じように家族を見るようになる。

“ほめる”ことにフォーカスを当てず、感想を伝えることが大切なのは、子どもに対しても大人に対しても同じだと思います。子どもに「○○ができるようになってすごいね」とか「○○してくれてありがとう」などと**素直に感想や感謝を伝えることが日常的になれば、子どもはその真似をする**でしょう。

思ってもいないのに「すごい！」と大げさに反応をすると、子どもはいつかそれが無理をしている反応だと感じ、素直に喜べなくなります。ほめられることが目的となり、大人の顔色をうかがうようになるかもしれません。**大切なのは“できるようになったこと”を認めること。**子どもは成長を望んでおり、それを認められることに喜びを感じます。その雰囲気が家庭に漂っていると、家族それぞれのがんばりを認めたり、親にも感謝の気持ちを素直に伝えたりするようになります。また、**「できたよ」と子どもがいってきたとき、「どんなふうにできたの？」とひとつ質問を入れる**ことで具体的に話が膨らみます。

お悩み 59

誰かに相談すると、気が楽になるどころか、自分を否定されている気分になることがある。

何気ない相談の場合は、その雰囲気を作るとよい。“解決”なのか“理解を求めているだけなのか”相談の目的を自分自身が理解しておく。

相談されると、なんとかして応えたい、アドバイスをしなければいけないと思う人もいます。それは自分がしてもらってうれしかったことを同じようにしたいという心理かもしれません。ただ、話を聞いてもらいたいだけというときもありますよね。そんな場合は**「解決したいわけではないのだけど」とか「少し聞いてほしいだけなんだけど」と前置き**をしてはどうでしょうか。相談相手の受け止め方が少し変わるかもしれません。

特に自分の親など子育て経験のある人へ相談するときは、みなさん、経験からの持論がありますよね。それをそのまま受け止めると、時代が違う、環境が違うなど相談しているほうが否定的な感情になることも……。そんなときは、あなたや子どものことを思ってのことだと理解できたらいいですよね。これは子育てに限った相談だけとは限らないでしょう。相談する目的をよく考え、**自分自身が冷静でいられるかを自問自答してから相談する**とよいと思います。

お悩み60

食べ物、お出かけ、買い物……、すべてが子ども主体で自分を見失いそう。

**家族みんなが意見を出せる場を設けよう。
話し合いで予定を立てておけば、
それぞれの目的を果たせ、協調性も生まれる。**

なにかと子ども中心になりがちですが、理想はバランスよくできることですよね。バランスをとるには**事前に家族で話し合い**をしておくこと。例えば外出の計画を立てる場合、子どもに聞くだけでなく、それぞれの希望を出し合います。その際に天気や時間帯、次の予定などを踏まえて"今日はどこに行くのがよいか"という視点を持って話し合ってみましょう。すると場所や時間の予定に、**子どもの目的だけではなく、大人の目的も組みこむ**ことができます。それを子どもも認識して一緒に考えるのです。

"親はいつも自分のいうことを聞いてくれる"と思ってしまうと、子ども中心の生活になります。**家族は大人であろうと子どもであろうと、協力してくれる仲間。家族みんなが楽しくしているという意識を持てるようにしたい**ものです。また、話し合いは子どものアイデアを引き出すことにもなり、途中で雨になった場合の代替案を出すなどすれば対応力を育むことにもつながります。

PART 3

思考能力や運動能力アップにはきっかけと後押し

「ジュース」「ティッシュ」など単語だけで要求する。「これ・それ・あれ」など指示詞も多い。

話す機会を増やすには、大人の聞く姿勢が第一。大人が助詞や主語、目的語を意識して話すことで子どもは言葉の使い方を真似していく。

乳幼児期は話し言葉の敏感期で、まるで言葉のシャワーを浴びているかのように何千語も覚えていきます。それをアウトプットするのが楽しくなり、やがて「聞いて聞いて」と話をしたくなる時期が訪れます。この時期は**一方的な話し方でも聞いてあげ、話す機会を増やすことが大事**。成長に合わせて**徐々に相手に伝わるような話し方を教えていく**必要があります。

教え方は大人の手本、つまり家庭での会話です。大人が「てにをは」や主語、目的語を入れることを意識して話すことで、子どもはそれを真似します。家族など意思疎通できる相手には言葉を省略し、大人でも単語や指示詞だけになりがち。子どもに言葉の使い方を教える際、**大人が普段の会話を意識することがスタート**なのかもしれません。「ジャガイモむく？」を「○○ちゃんが、カレーに入れるジャガイモをピーラーでむいてみる？」と、**誰が、なにを、なんのために、ということまで少し意識して話しかける**と言葉の使い方がぐんと上達します。

文字の読み書きを教えようとしても興味を持たない。友だちができていても焦りすら感じていないよう。

子どもが興味を持ったときが学びのタイミング。結果的に早く習得できることに。“見る”“聞く”ことがきっかけになりやすい。

子どもそれぞれの適齢期があります。ですから**友だちと比べることや成長速度の固定概念は取り払う**べき。焦りも禁物です。小学校に入った途端に文字に興味を持ち、先生に「もっと練習したい」と要求するような子どももいます。注意すべきは、**恐怖心やイヤな思いから興味を示す機会を失わせないこと。**乳幼児期は目や耳から情報を自然に取り入れます。**50音表を部屋に貼る、言葉や数字の歌を流すなどしてきっかけを作って**ください。

先に音やリズムに引かれ、文字や数字に興味を持つこともあります。私の教室では２歳半ごろからあいうえおの言葉遊びを始めますが、子どもたちはそれが大好き。参考までに文字や数字を覚える手順を紹介します。①話しかけや絵本の読み聞かせで大人の声を聞かせる。②文字に興味を持ち始めたら目の留まる場所に50音表や数字表を貼る。③さらに興味を示したら要求に合わせて字の読み方を教える。**子どもが興味を持つタイミングで始めると、結果的に早く習得**できます。

「もう時間よ」といっても子どもに時間的感覚がない。時計を読めないので、説明するのにも困る。

数字→時計→時間の順にそれぞれの概念を学ぶ。時計を読めるようになるには段階が必要。時間の感覚は楽しく学ぶことで身につく。

時計は数字の概念だけでなく、針の動き方や12進法など、**理解するには段階を踏む**必要があります。

①数字を覚えたのち、１対１対応という練習をします。階段を数えながら登るとか、家族分の皿にミニトマトを入れるなど、**１つの数には１つの物が対応していることを学びます。**②その後、数字の配置など、時計の仕組みを学びます。③続いて長針と短針の仕組み。時計がついた絵本もおすすめです。長針を１周させると、短針が次の数字に動くことを見て学び、数字と時間を連動させます。④次に実践で「今、何時？」と質問し、子どもが答える練習をくり返します。理解が深まっていれば分針に進展してもよいでしょう。さらに５進法を理解することも大切です。かけ算を覚えてからでもよいかと思いますが、長針が３をさしているとき、５、10、15で15分ということをリズム感覚で習得していくのです。大人が思う以上に時計を理解するのは難題。**段階ごとに楽しく学ぶことで時間への意識も高まります。**

休日の予定を話していても、子どもに曜日感覚がない。「あと何回寝たら」という伝え方はいつまで続くの!?

1年、1か月、1週間の長さを量感で捉えながら曜日の意味が理解できるようになる。なぞり書きなどで楽しく学ぶのがコツ。

暦の概念も段階を踏みながら学んでいかなければ理解できません。例えば、西暦はイエス・キリストの誕生から現在までの“長さ”を伝えます。

次に月の長さを教えてはいかがでしょうか。例えば**紙を12枚並べます。そして1月ならおはじきを31個、2月なら28個を並べていきます。**12か月分のおはじきを並べると、時間を量感として捉えることができます。一年の長さの感覚をつかんだら、家にあるカレンダーで**数字のなぞり書き**をしてもいいですね。その際に曜日を確かめながら行うと、1週間の単位を体感できます。休日の意味も伝えて赤字でなぞり書きをしましょう。月の終わりが何曜日で、次の月が何曜日から始まるということも話し、時のつながりを学びます。

おすすめなのは手作りカレンダーです。誕生日などのイベントも記載し、楽しみながら学べます。1か月カレンダーでも日めくりカレンダーでもかまいません。壁に貼っておくと、暦をより身近に感じられるようになるでしょう。

絵本のクイズはすぐにページをめくって答えを確認。クイズを出してもすぐに「教えて」と答えをねだる。

遊びの中で育まれるイメージする力が考える習慣につながっていく。習慣がつくまでは大人も一緒に考えてみよう。

早く答えを知りたいという好奇心が前に出ている場合もあれば、考えることが面倒だという表れの場合もあるでしょう。どちらにおいても**考える時間を少しずつ延ばしていく**とよいでしょう。大切なのはイメージすること。これはクイズの問題だけでなく、**折り紙をしたり積み木をしたり、幼児期のさまざまな遊びでも同じ**。「どうしたらいいと思う？」とすぐに答えを出さず、まず子どもが思ったことを言葉で伝えられるようにしましょう。

もし子どもに考える習慣がついていない場合は、一緒に考えるようにしてください。補助のポイントは、イメージしたことを言葉でわかりやすく説明しながら、少しずつ考える時間を延ばしていくこと。考える力や想像力は日ごろの体験が関係しています。これは最近注目されている非認知能力（**意欲を持ち粘り強く取り組み学ぶ力**で数値では表せない能力）に通じます。これらの力はクイズだけでなく、アイデアを出して物事に取り組んでいく際にも発揮され、一生の宝物になるはずです。

字のなぐり書き、ぬり絵のはみ出しなど、なにかと雑。指摘しても「いいの」といっておかまいなしで……。

時間にゆとりを設けることが先決。ていねいさはゆっくりした動作から生まれる。大人が一緒になって学び直すことも考えたい。

作業が雑になる理由はさまざまで、「早くしたい」「早く終わらせたい」と時間を争うくせがついていると物事が雑になりがちです。**なにに取り組むにしても最初は見守るというゆとりを持ってみて**はいかがでしょう。字を書いたりぬり絵をしたりすることは運動能力にも関係しています。手や肩の力の入れ方、えんぴつの動かし方は全身の筋肉の連動によるもの。**ひとつの動作を確かめるように取り組むことでゆっくりした動きになり、ていねいさが生まれます。**大人がそばで見守る際、書き順も確認を。「きれいに書けたね。トメ、ハネができているね」と感想を変えながらポイントを伝えるとよいでしょう。

気をつけたいのが、早く文字を書けるようにしたいという大人の焦り。まだ筋肉が発達していない時期に文字をきれいに書かせようとすると、書くことがイヤになり、雑になるケースも。**小学生になっても小さな成功体験が意欲につながります。**雑になっている場合は、**少し前の段階に戻ることがあってもよい**かと思います。

テレビや動画に執着し、ときには漠然と見ている。わからないことはネット検索に頼りっぱなし。

家の中の環境から見つめ直したい。家族が一緒になって子どもの好奇心に向き合うと子どもは能動的な情報収集に充実を得られる。

本を読む環境か、テレビや動画に執着してしまう環境か、部屋を確認してください。テレビは受動的な娯楽で大人でも自己管理するのが難しいもの。幼児期は目に入る情報の影響力が大きいため、つけっぱなしだとテレビ中心の生活に（タイマーで時間設定するとよい）。逆にリビングに色鮮やかな本や図鑑があると自然に手に取るようになります。子どもは好奇心旺盛です。興味を示したときに対応できる環境を整えておきたいですね。

例えばなにかを調べたいと思ったとき、手段は辞書や図鑑だけでなく、インターネット検索も悪くありません。大切なのは疑問を解決する習慣。**子どもに疑問が出た際に家族で調べる姿勢**があると、自ら調べるようになります。インターネットの情報収集の見解はさまざまで、例えば世界人口など更新されるものは、本よりインターネットが最新の情報です。**大切なのは調べる手段ではなく、知ろうとすること**。本、図鑑、ネット……、調べる手段も使い分けられるようになるでしょう。

たし算を覚えてまもなく、二桁やかけ算をやりたがる。年齢相応の問題を出すと「つまらない」とそっぽを向く。

“理解した＝できた”ではないことを伝えよう。くり返し行うことで学習能力が定着し、成長に。根気強く取り組む姿勢が生きる力となる。

身近にいる年上の子どもに憧れていたり、新しいことやレベルの高いことをする機会が多かったりすると、年齢より難しいことを求めることがあります。挑戦は大切なことですが、自分の力に合ったことを根気強く取り組む姿勢も大きな成長につながります。**くり返し行うことから、ていねいさ、確実性、能力の定着を得られ、それが次の段階に生かされます。**ある中学生が数学のテストで満足のいく点数が取れていない原因が、小学生レベルの計算に時間がかかりすぎていたというケースもあります。

もし子どもが高いレベルへの挑戦を求めてきたら、やらせてみるのもひとつの選択。その際、**できなかったポイントを洗い出し、できるためにはその前の段階での学習が必要であることを伝えましょう。**子どもにもプライドがあるので「やりたくない」というかもしれませんが、これもステップアップに必要なことだと伝えてください。**“くり返し”は集中力や忍耐力を育むことにもつながり、**生きていくうえで必要な能力でもあります。

ハサミをうまく使えず、危なっかしい。うまく切ることができないと、カンシャクを起こす。

脳、身体、心の発達に応じた挑戦を。「○○ができたら次をしようね」を合言葉に段階を踏む大切さを親子で把握したい。

ある年齢になるとハサミ（1歳ごろ）や刃物（3歳ごろ）などを使いたがるようになります。“理解力があるから挑戦させよう”と思う場合でも注意が必要です。**仮に脳が発達していても筋肉、手と目の協応力、心が成長しているとは限らない**からです。この状態で挑戦して中途半端になっては本末転倒。もし子どもがやりたがったら**「危ないからダメ」ではなく、「○○ができたら次をしようね」と段階を踏む大切さを伝える**とよいでしょう。

5、6歳になって料理に興味を持つことがあります。包丁に挑戦するのが早い場合は、ピーラーで皮むきをしたり、バターナイフでやわらかいものを切ったり、ほかの道具で似た体験ができます。また幼児期にハサミに挑戦する場合、お茶をコップに入れる、小さなものをつまんで皿に移動させる、洗濯バサミではさむという作業が役立ちます。筋肉を発達させ、手と目の協応力が育つからです。**うまくできない場合は前の段階に戻り、「○○ができたら次をしようね」**と声をかけてください。

ぬり絵で同じ色ばかりを使う、はみ出してしまう。親がそばにいるとイヤがり……。

色の選択までに踏むべき段階がある。その都度の段階を親子で楽しみ、色を意識する声かけを取り入れていく。

同じ色しか使わない、枠からはみ出す、ぬり残すなどから、ぬり絵が苦手なのかと悩む人がいます。その悩みは取り払いましょう。まず、**ぬり絵は文字を書くための準備となり、段階もあります。**

①腕や手の筋肉を育て、クレヨンや色えんぴつを持つときに手首が安定するようになる。②仕上がりを求めず、自由に手を動かす。③簡単な絵（風船など）から始め、枠の中をぬる。必ず見本を用意。④くり返しの練習で、枠の中を上手にぬりつぶせるようになる。⑤人間や風景など複雑な絵での色ぬりに挑戦。このとき、色の選択は否定しない。見本も準備しておく。

色の選択については、例えば人間の絵なら**一緒に鏡を見て「顔は何色？」「今日の服の色は？」と色を意識させる**とよいと思います。**透明なケースに色えんぴつを用意**して「好きに使っていいからね」と声をかけるのもひとつの方法です。たまには大人も一緒に行い、さまざまな色を使っているところを見せるのもよいでしょう。

お絵かきも工作も途中でやめ、完成させられない。最後までやることを促すと、背を向けてしまう。

楽しめる、続けられる環境を整えることが大切。少しはなれたところで観察しながら子どもが集中する世界を守ってあげたい。

自分に合うものを模索している時期かもしれません。この段階では見守り、あきている理由を探すことが大切。必要なものがそろっていないことで“やりたい気持ち”が失せる、難しさを感じて自分で判断できない、ほかのことが気になる、声をかけられて集中力が切れた、おもしろくなくなった、という理由も考えられます。

もちろん継続力、忍耐力、集中力を育むことはこれからの成長に大切です。次のことを試してみてください。**①環境を整える。**ハサミを使いたがっていたら紙や画用紙、毛糸などを準備しておきます。**②遊びを広げる。**積み木をしている場合、「これでおうちを作ってみるのはどう？」などと提案します。**③目標を設定する。**子どもが「やめたい」といった場合、「ここまでしたら終わりにしよう」と２歩３歩先まで進めさせてあげます。**④声をかけない。**集中しているときの声かけは妨げに。**少しはなれたところで見守り、状況に応じて手を差し伸べる**とよいのではないでしょうか。

ブロックで遊んでいたかと思えば、ロボット遊び。あきっぽいのか、遊びですら集中力が続かないよう。

子どもは集中できることを探している。
自由な時間が発見を生み出すこともある。
たまには子どもの時間を優先し、見守ってみよう。

できるだけ口をはさまないようにし、子どもの意思を尊重しましょう。自分に合うものを見つけ、さらに集中して取り組むことにつながります。例えばブロック遊びには興味を示さなくても、ロボット遊びなら集中するということも。そのときに子どもの行動を妨げると、「やっぱりやめた」と目的を失わせることになりかねません。

我が家の例です。息子が小学校３年生のときにリビングの電球をぼうっと見ていました。やるべきことをしてほしいと声をかけたかったのですが、しばらく様子を見ました。すると「電気っておもしろい。揺れると壁に映っている光の向きも変わるよ」と話してきました。その**子ども独自の気づき**はマニュアルでしばると生まれません。物事を行うスピードは大人と違い、子どもによっても違います。危険なことや誰かに迷惑をかけることは阻止するべきですが、**自分で考えて行動していることはゆったりと見守り、子どもの発見を大人も楽しんで**みては？　やるべきことが差し迫っているときは臨機応変に。

靴ひも結びの練習でうまくいかず……。再チャレンジを促すと、激しく抵抗する。

大人の反応で、失敗に良し悪しが表れないように。次につなげる、考えるための過程だと捉え、できることからチャレンジして意欲を引き出す。

失敗がダメなのではなく、**誰にでも失敗はあることを伝えるのが大切**だと思います。結果に対してほめる、叱るという反応が当たり前のようにあると、子どもは賞罰での判断を意識し、善悪の捉え方にも影響が及ぶかもしれません。とはいえ、このさじ加減はとても難しいですよね。**人は自分を成長させたいという意欲を持って生まれてくる**といわれています。大人の意識次第で、子どもの意欲の出し方も変化してくると思います。

例えば、「失敗してもいいよ」というより「失敗したの。じゃあ、次はどうすればいいか考えてみよう」と、**失敗の良し悪しではなく、次につなげる声かけ**をしてください。失敗した場合は、次の日でもいいので再挑戦を。できないことや難しい部分を探し、前の段階に戻るのもよいでしょう。大人があきらめないでいると、子どもは「やってみよう」という気持ちになるもの。**「やりたくない」という言葉の裏側にある"本当はやりたい"という気持ちが引き出されたとき、意欲が輝く**と思います。

新しいシールを目的もなく適当に貼る。お絵かきも次から次へと紙を使い、こだわりがなさそう。

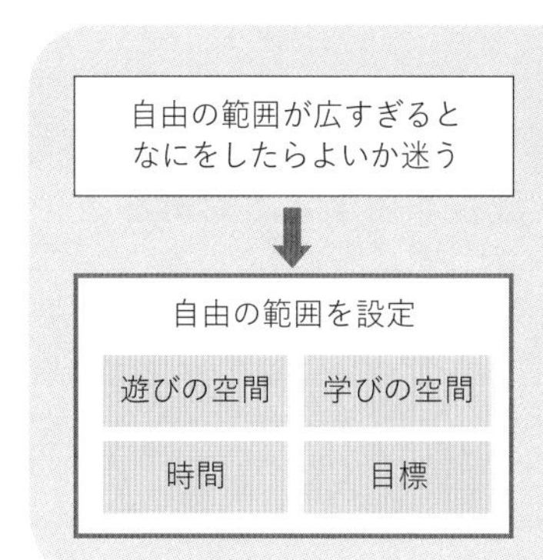

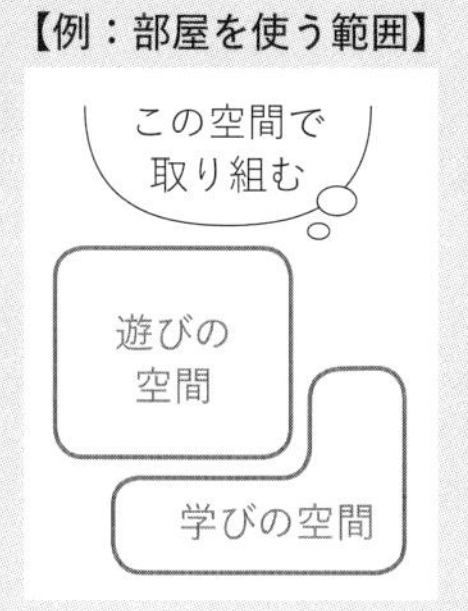

限られた範囲の自由が子どもに合っている。空間、時間、目標を設定してあげることで目の前のことに集中し、楽しめるように。

自由にさせることで発想力が高まることは間違いではありませんが、経験の少ない子どもにはなんでもよいのではなく、**自由の範囲をある程度定める**ことも大切です。自由の範囲が広すぎると、なにをしたらよいかわからなくなってしまうからです。自由の範囲の設定は、**遊びの空間、学びの空間、時間、目標の４つで考えます。**

遊びの空間は、例えばマットを敷いて子どもの手が届く距離におもちゃなどを置きます。**シールなどはトレーに**入れて選びやすく、片づけやすくします。学びの空間は、机やイスを決めて**自分のものだけがある状態**を作ります。時間は**"何時から何時まで"**という時間の枠を設けることで、その時間内で子ども自身ができることを考え決めていきます。目標は長期的なもの（例：５歳になるまでに）と短期的なもの（例：１時間以内に）を設定するとよいでしょう。**最終的な目標があると目の前のことに取り組みやすくなります。**こうした環境作りは年齢やその子どもの経験値に合わせて変えるとよいでしょう。

水に顔をつけられないどころか、顔洗いにも抵抗。「水に顔をつけられないと困るよ」というと不機嫌に。

“楽しい”体験が安心感や好奇心を生み出す。小さな目標をゆっくり達成していく。長い目で見ることが、成長を促すこともある。

小学生になると水泳の授業があり、水への恐怖心があることが気がかりですよね。ただ、無理に練習させると抵抗が強くなることも。入浴時にシャワーの水を少しずつ顔に当て、湯船で顔をつけるところまで導くのがよいと思います。その際に大人が顔のつけ方、息の仕方を手本で示しながら教えるとよいでしょう。**一緒に行うことで恐怖心がやわらぎ、“大丈夫かもしれない”“楽しいのかなあ”と安心感が生まれてくる**こともあります。

また“楽しい”がセットになっているとスムーズです。**家族でプールに遊びにいき、水とふれ合うだけでもよい**でしょう。遊んでいると水はかかるものです。そこで水への抵抗が少しでもやわらいだなら目標を設定するのもよいでしょう。我が家では娘が水を怖がっていましたが、顔をつける目標を１秒、２秒と延ばしていくうちに水泳が楽しめるまでになりました。大人の焦りが子どもの意欲にブレーキをかけることもあるので、**気長に一緒に楽しむくらいの気持ち**がよいかと思います。

自転車や高いところへ登ることに対する恐怖心が強い。チャレンジを促すと不機嫌になるか、泣いてしまう。

“楽しめる”ことが結果的に強い心を育む。ひとつのやり方にしばられないでその子どもに合った方法を探そう。

遊びの中でバランス感覚を養っていくことができます。自転車においてはペダルを取り外した自転車で遊ぶうちにバランス感覚がつき、自転車に乗る練習がスムーズにいくようです。“勇気を出して挑戦する”というやり方以外にも目的を果たす方法があるのです。はじめての挑戦は大人でも不安ですよね。その際、**楽しめる感覚が背中を押してくれる**と思います。高いところが苦手な場合は、石の上、台の上に登ることから始めるとよいでしょう。

また、0～6歳は運動の敏感期です。運動は全身を動かすことだけでなく、手先など細かな動きも含みます。この時期に**手で扱う道具の練習、全身を使う遊びなどを行える機会を増やしてあげる**と運動の感覚が身につきやすくなるでしょう。すべての取り組みにいえることですが、最初は大人が一緒に、ときには距離をおいて見守ることが大切だと思います。途中でやめて再チャレンジが億劫になるより、その子どもに合った方法で気長に取り組むことが、上達につながるかもしれません。

走るのが遅く、友だちとの体を動かす遊びを敬遠。親の遺伝が関係していたら仕方ないのだろうか……。

正しい体の使い方を覚えるだけで変化する。大人が寄り添いながら体を動かす機会を増やしてあげたい。

0～6歳の運動の敏感期にできるだけ体を動かすことに寄り添ってあげたいものです。ただ、この時期を逃したとしても**運動能力は正しい体の使い方を身につけることでも高められます**。例えば速く走るようになるためには、ひたすら走りこむのではなく、フォームを見直したり、走るのに必要な筋力を高めたりすることで変化が見えます。娘は反復横跳びが苦手でしたが、ゆっくり行うことで体の動きを覚え、足上げで筋力を高めることで体の使い方が上達し、得意な運動に変わりました。

大切なのは不得意と感じる気持ちや苦手意識を取り払うこと。それが体を動かすこと自体に抵抗を生むことになるからです。幼児期にたくさん体を動かして遊んでいると“体を動かすことが楽しい”という気持ちになるようですが、それは何歳になっても同じだと思います。その機会を子どもが作り出すことは難しいので、**大人が少し寄り添ってあげてはいかが**でしょうか。子どもはコツをつかむと、ひとりで進めていくことができます。

お遊戯を楽しめてはいるが、リズムがずれている。本人に指摘しても改善の兆候は見えない……。

日常生活で耳に音が入ってくる環境にしたい。リズムを手拍子と笑顔にのせて音楽自体が楽しい存在になるように。

音楽に関することは遺伝的な要素が大きいともいわれますが、敏感期にリズムにふれておくことも重要です。赤ちゃんのときは抱っこをした状態でリズムにのる、幼児期には音楽に合わせて手をたたいたり、太鼓をたたいたり。また、**日常生活に音楽を取り入れて自然に音が耳に入るようにする**のもよいかと思います。

私が幼稚園に勤務していたころ、サンバの曲のリズムを教える際に「チョッコレートたーべた」とか「メロンメロンだーいすっき」などと、**子どもが好きな言葉に合わせてリズムにのせる**ことをしました。すると次第に難しいリズムもとれるようになり、子どもたちはこの日をきっかけにリズム好きに。**リズム感の有無を決めつけてしまうよりも、手拍子や歌、楽器などで音楽を楽しんではいかが**でしょうか。それが音楽の醍醐味だとも思います。また、親御さんがリズムに自信がなければ、音楽の得意な人や音楽関連のアイテムに頼るのも手段。もちろん大人も一緒に楽しんでいただきたいです。

友だちがしている習い事をすすめてものる気なし。スポーツ、音楽、英語、なにもかもに興味がないよう。

子どもがなにをしたい時期なのかを観察。体、脳、心は一緒に成長していることを念頭にやりたいことに出会うときの準備をしておこう。

敏感期に合った子どもの環境はぞれぞれ違います。興味を示さないのは環境が合っていない、単に言葉に出さない、簡単すぎた、難しすぎたといった理由のほかに、**心の中でなにかを楽しんでいる可能性もあります**。用意したおもちゃで遊ばずにティッシュを出すことに夢中になるお子さんの相談を受けたことがありますが、これは子どものしたいことが“手を動かすこと”でした。乳児期は物をさわったり動かしたりすること、幼児期は指先を使うような細かい作業に興味を示しますが、子どもによって違いはあるものです。まず、**今、子どもがなにをしたい時期なのかを観察してみてはいかが**でしょうか。

また、子どもは大人と同じことをしたがる特性もあります。料理や掃除などの家事に興味を示す子どももいます。**友だちと必ずしも同じ感覚ではない**のです。体の発達とともに脳も心も成長します。家の中で自分ができることを増やし、**本当にしたいことに出会えたとき、挑戦させられる準備をしておくことが大切**だと思います。

【モンテッソーリ教育の敏感期】　※表は目安で個人差があります。

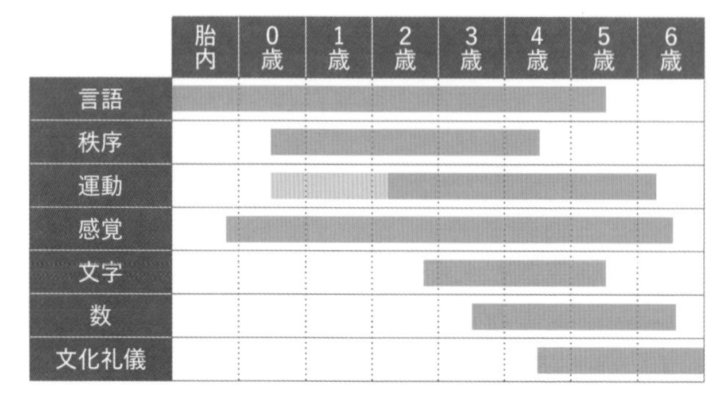

ひとりでのお出かけや買い物を経験させたいけど、怖がって親のそばからはなれようともしない。

普段の散歩で自分の住む街に興味を持たせよう。道を覚える目印を見つけるとともに住む街に愛着や安心も感じられるように。

道を覚えるのに空間認識力や洞察力などが関係しているといわれますが、**経験から得られることも大きい**と思います。道を覚えるコツは固定されたものを目印にするとよいようです。これは子どもも同じでしょう。

例えばお出かけのときに「あのポストを右に曲がろうね」とか「信号がいくつあるか数えよう」などと、**自分の住む街に意識を向ける**話をしてはいかがでしょうか。これは前後左右を覚えることにも、曲がり角、直線、横断歩道という言葉を知ることにもつながります。こうした経験を積むことで、子ども自身が目印を見つけるかもしれません。“自分の住む街にはこんなものもあんなものもある”という**知的好奇心を引き出すことにもなる**のです。道を教えるのではなく、**自分の住む街を知ることを楽しみながらお出かけしたり散歩したりすると、さまざまなことを吸収**できるでしょう。それは子どもに安心感をもたらし、自分の意思で歩くことを求めるようになるかもしれません。買い物においても同様だと思います。

親のスマホやタブレットをさわりたがる。学習アプリをやらせたら紙での学習をしなくなり……。

使用制限より正しい使い方を伝えたい。
さまざまな経験をさせていくことで
バランスをつかみ、選択や判断ができるように。

社会や時代の流れに合った暮らしをしていくことは、大人も子どもも同様でしょう。IT関連のアイテムはとても便利ですが、それは上手に活用できてこそだと思います。**使用制限よりも正しい使い方に目を向けるべき**ではないでしょうか。そのためには約束やルールが必要で、それも一方的な決めつけではなく、**話し合いながら決めて、ルールの意味を理解してもらうことが大切**だと思います。

タブレットだけでなく、紙を使用した学習も大切です。子どもは幼いころからなじみのあるものが好きになります。**タブレットにも紙にもよいところがあるので、バランスよくふれ合えるような環境を考えたい**ですね。そのバランスはとても難しいもの。大人が子どもを観察し、また社会の動きにアンテナを張っておくことも重要です。選択や判断は経験に基づいて行われるので、子どもをひとつのアイテムだけに集中させるより、さまざまな経験ができる機会を与えたいですね。

依存を防ぐために、
使用時以外は箱にしまうというルールを設定

【ルール例】

- 時間がきたら箱にしまう
- 寝る前はリビングの箱にしまう
- 親のスマホをさわるときは“使ってよい”許可をもらう
- 許可なく勝手に使用した場合は、しばらく使用できない

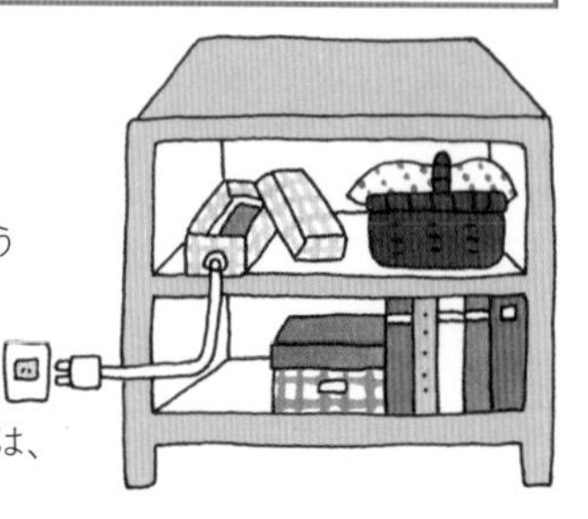

PART

4

子どもはひとりの人間、個性を認めて伸ばす

特殊な習い事に興味を持っているようだが、情報が乏しく、やらせるべきかどうか悩ましい。

自分の意思を示したことだけでもすばらしい。子どもの考えを知り、大人も興味を持ってみよう。大人は覚悟を持ち、子どもは決断の体験をする。

主体的に意思を示したこと自体がとてもすばらしく、それは独自の視野を持てるようになったともいえますよね。そんなときはやらされるより何倍もの力を発揮します。それが才能を開花させるきっかけにも。**まずはこの成長を認めて**あげましょう。そのうえで理由を聞いてください。“なんとなく”というような場合でも、その習い事について調べたり、見学したりするとよいと思います。気をつけたいのが、**自分なりの決意のもと動こうとしている子どもの期待をつぶさない**こと。“○か月間は続ける”とか“持ち物の管理と準備は自分でする”などの約束をしたうえで決断します。仮に途中でやめることになったとき、“責める・責められる”という事態を避けられ、子どもには選択をしたことが経験になります。

大人が一方的に全部を決めるのは避けたいものです。子どもが自分で決めることをあきらめ、親のいうとおりにしか動けなくなってしまうかもしれません。**選択、判断、決断をする体験は、この先必ず役立ちます。**

洋服も文房具もなにもかもがピンク色。ほかの色を提案しても聞く耳すら持っていないよう。

幼児期は大人より視野が狭いという特徴がある。
客観的に見ることの練習をすれば、
視野が広がり、人を楽しませることも喜びになる。

幼児期は秩序の敏感期が続いています。子どもがピンク色の服ばかりを選ぶようであれば「なぜこの服が着たいの？」と聞いてみてください。理由があるかもしれないのに頭ごなしに否定してしまうと、子どもはこだわりを主張し続けるかもしれません。また、**幼児期は大人より視野が狭いため、客観的に自分を見ることができない**だけなのかもしれないのです。

“客観的に見る”には体験が必要です。例えば、姿見で自分を見ることもひとつの体験。また「スカートの花柄の色に合わせてこの色のセーターを着たらどう？」とコーディネートを提案するのもよいでしょう。子どもが工夫して洋服を合わせた場合は「それもいい案だね」と素直な感想を伝えます。さらに「ほかの色も合わせてみようか？」とコーディネートの楽しさをどんどん伝えていきましょう。**その都度反応を示したり感想を伝えたりし、それを見る人もうれしくなることを教える**とよいかと思います。

複数の友だちと一緒でも自分だけひとり遊び。けんかもしておらず、仲が悪いわけでもないのに……。

遊び方には子どもそれぞれの個性がある。その個性や気持ちを大切にすることを第一に集団での生活も徐々に経験させていきたい。

遊び方や友だちとの接し方にも個性があるものです。集団で遊ぶことが好きな子どももいれば、ひとりで考えながら遊ぶことが好きな子どももいます。ひとりで遊ぶことに"孤独ではないか"と心配になる場合、**子どもの気持ちにまず意識を向けて**はいかがでしょうか。

特に幼児期はまだまだひとり遊びが好きです。友だちと一緒でなくても自分の楽しみに没頭し、個を作っていく時期。5、6歳になると保育園や幼稚園などで集団遊びを取り入れられますが、これは集団生活の中で培われていくもの。子どもがひとり遊びを好む場合は、園に相談しながら集団での子どもの様子をうかがうなどし、**長い目を持って子どもの成長を見守る**とよいかと思います。ときには集団に入れるような工夫をしてもらい、集団遊びの楽しさも知ることができるきっかけを作ってもらうのもよいでしょう。子どもが大きくなるにつれ、ほかの子どもと比較してしまいがちですが、**常に子どもには個性があることを自覚しておきたい**ものです。

自分から友だちの輪に入るのがずっと苦手なまま。大人のアシストや友だちの声かけを待っているよう。

大人ができるのは準備段階まで！

❶子どもの好きな物事を見つめ直す

❷共通の好みを持つ友だちに話しかける

❸コミュニケーションが苦手な場合は
家庭での会話の仕方を意識し、練習をする

子どもが望むコミュニティを見つけたい。家庭でコミュニケーションをとる練習をくり返し、子ども自身で友だちに近づいていけるように。

ひとりで遊びたいわけではないのに集団に入っていけない場合は、大人のアシストが必要な場面もあると思います。その際にまず行いたいのが、**“子どもの好きなことや物がなにか”を見つめ直す**こと。再確認することもあれば、はじめて知るようなこともあるでしょう。これを踏まえたうえで、**共通の好みを持つ友だちに話しかけることからスタート**してみてはいかがでしょうか。

また、コミュニケーションが苦手なことも考えられます。その場合、家庭での会話の仕方をより意識しましょう。“子どもが話す→大人が答える”という単純な練習でかまいません。先回りして大人が答えを出したり、子どもの気持ちを代弁したりすると、子どもは気持ちや考えを伝えにくくなります。忙しいときでも子どもが答えるのを少し待ちましょう。共通の好みを持つ友だちは必ずいます。そこで子どもは自分のコミュニティを作り上げていきます。**大人ができるのは、コミュニケーションのとり方を家庭で伝えることまで**かもしれません。

内弁慶のようで、友だちに意見を主張しない。他人に合わせてばかりで大丈夫だろうか。

人の話を聞けるのはすばらしいこと！自分の意見をいえるようになるには家庭で気持ちを言葉にする練習を重ねたい。

幼児期はまだまだ自分中心の成長段階。この時期に相手の気持ちを考えて話を静かに聞いているだけでもすばらしいことです。ただ、小学生になってからも自分の思いを伝えられないようであれば、その原因を探ることも必要だと思います。**“言葉にすることが苦手”“自分の言葉に自信がない”**という理由も考えられます。自分の意思を言葉にする練習は家庭で十分できます。

まず、大人が子どもの話を聞くことが大切です。子どもが話そうとしないと、どうしても先回りして話したくなるものですが、そこはこらえて子どもが口を開くのを待ちましょう。仮に多くを話すことができず、**ほんの少しだけでも自分の思いを言葉にできたなら花丸**です。それを十分に認めてあげることで、子どもは自分の発言に自信を持てるようになります。また、**自分の気持ちや考えに“正解はない”ことも教えておく**といいですね。そのためにも否定はしないように、**子どもが発言するたびに“認める”という意識を持ちたい**ものです。

お悩み 87

保育園のリレーでも、遊びでも負けると泣く。家庭での着替えや遊びでの競争がよくなかったのかも。

**達成感を得られるのは勝ち負けだけではない。
「してみたい」「成長したい」という思いを大切に。
勝ち負けが向上心につながるのは喜ばしいこと。**

勝ち負けにこだわるのは、性格、家庭での経験、親の勝負志向など、さまざまな理由が考えられます。まず、負けん気の強いことは悪いことではありませんよね。向上心や力を発揮することにもつながります。ただ、なにもかもを勝ち負けに徹してしまうと、物事に深く取り組んでいくことや、計画的に進めていくことが難しくなる場合もあります。競争意識が、ていねいさや緻密さという行動の土台作りの妨げになるかもしれません。

本来、**幼児期の子どもは競争心ではなく、「してみたい」「成長したい」という意欲があり、達成したときに喜びを得ます。**例えば早く食べ終わるよりも、よく噛む、味わう、スプーンを上手に使う、といったことに視点を置きたいものです。着替えではタイマーをセットし、「できたらお母さんに見せにきてね」と声かけし、時間内での達成だけでなく、**ていねいに着替えられているかを見ます。それがきちんとできたうえで、勝ち負けを意識するぶんには問題ない**のではないでしょうか。

お悩み 88

アニメキャラへの憧れなのか、友だちの影響なのか髪の毛を腰の位置まで伸ばし続け、切らせてくれない。

親子それぞれの理由を出して話し合い判断したことには約束を作る。子どもの主体性が高まり、責任感も芽生える。

美意識への目覚めは成長のひとつの表れだと思います。“髪の毛が伸びたら切る”と大人が勝手に決めつけてしまうのではなく、話し合いをするチャンスと捉えてはいかがでしょうか。これは髪の毛に限ったことではなく、**あらゆる局面で話し合いが土台になる**と思います。

髪の毛の事例では、伸ばしたい理由を聞くことがスタートだと思います。些細な理由だとしても子どもにとっては大きなことかもしれません。次に“なぜ切ってほしいか”という親の考えを伝えます。汗をかきやすい、乾かすのに時間がかかる、前髪で視界がふさがれるなど。大人が一方的に話すと、子どもは話を聞くこと自体がイヤになります。“聞く→伝える”の話し合いをしたうえで“切らない”と判断した場合は約束をします。“髪の毛を自分で洗う”“ヘアゴムやピンで前髪が目にかからないようにする”など。**美意識の尊重は大切なこと。一方、自分で髪の毛の管理ができるようになることも必要。自分の意思に対する責任も芽生えてくる**でしょう。

大人の洋服と同じようなものを求める。化粧やネイルも自分専用の物をほしがっている。

自分のことができるようになる！
❶幼児期に身だしなみを学ぶ
❷コーディネートマップで考えることを覚え、表現の幅を広げる
❸買い物のとき、自分で服を選べるようになる

子どもは大人をモデルにして成長していく。美意識の芽生えは自分を大切にする表れであり、身だしなみに向き合うよいチャンス。

大人と同じ服装をしたい、化粧をしたいと思うのは**一番身近な存在である親への憧れで、それは信頼されているからこそ**。なので頭ごなしに否定せず、例えば化粧であれば、大人が化粧をする理由を伝えるとよいでしょう。ただ、その前に**身だしなみの大切さを伝えておく**ことが必要です。モンテッソーリ教育では“自分のお世話をする”という生活のカテゴリーがあり、**自分のことだけでなく、“他者のため”であること**も学びます。

おすすめなのはコーディネートマップ。親子で一緒に洋服の組み合わせを考えていきます。その延長で休日に化粧やネイルを少し楽しんでみてはいかがでしょう。娘を例にすると、幼児期に身だしなみを学ぶ→コーディネートマップを作る→自分で服を選んで買う、という順に進みました。すると髪の毛をくくる練習をし、肌の手入れを覚え、少しずつ化粧にも興味を持つように。化粧だけに焦点を当てず、**美意識の芽生えは身だしなみに向き合うチャンス**と捉えるとよいかもしれません。

録画したアニメをくり返し見続けている。のめりこみすぎなのか、手持ち無沙汰なのか……。

くり返すことで必要なスキルを獲得することも。ほかのことに興味を示してもらうためには目のつくところに“興味”を置く環境作りが大切。

敏感期である幼児期はさまざまなことをくり返し、スキルを獲得していきます。**好きなことに没頭するのも成長に欠かせない大切な時間。**同じアニメをくり返し見ることも決して悪いことではないと思います。注意したいのが、テレビや動画などに関しては必要以上に与えないこと。例えば大人が子どものグッズ集めに熱中しすぎるようなことを想像してみてください。大人の反応につられるかのように没頭してほかに体験するべきことを逃し、必要なスキルを獲得する機会が失われてしまうことに。**子どもが今なにを必要としてくり返しているのかを観察し見守ることが大切**だと思います。

ほかのことにも興味を持ってもらいたい場合は、環境作りが役立ちます。例えば「こんなものがあるよ」と本や工作、お絵かきアイテムをさりげなく置いておくと、目や耳からの情報により興味を示しやすくなります。**すぐに結果を求めるのは早計です。時間はかかるものだと心得ておく**とよいでしょう。

公共の場ではまわりに迷惑になることを伝え、譲れないケースがあることも理解してもらう。家の中では挑戦できる機会を与えよう。

子どもは自立したい、大人と同じようにしたいと思っています。その意欲に応えたいのは山々ですが、**危険なことや公共の場でまわりに迷惑がかかるような場面で無理に行わせるのは得策ではありません。**例えばレストランのドリンクバー。もし落として割ったり、こぼしたり、時間がかかって他人を待たせたりしたら迷惑に。また、失敗を大勢に見られる、親が周囲に謝るという姿は、なくてもよい経験かもしれません。「ここはたくさんの人がいる場所だからお母さんがするね。家で練習してからしようね」といい、**譲れないケースがあることを伝える**とよいのではないでしょうか。

特に**はじめての経験は家で練習するべき**です。ガラスのコップを使って飲む、飲み物を入れる、お盆にのせたコップを運ぶなど。腕の筋肉もついて上手にできるようになると自信がつきます。**できない場面に直面したときは、家での練習に切り替え、十分にできるようになったと感じたらステップアップ**してもよいと思います。

転んですりむいただけでも血を見たら気が動転し、落ち着くまでいつも時間がかかる……。

大人の反応や対応を子どもはよく観察している。冷静な対応の仕方を知り、経験していくことでちょっとしたことに動揺しなくなる。

驚く、怖がるなどの子どもの過剰な反応は、敏感だったり、平常心を保ちにくかったり、性格や感受性なども関係しているでしょう。そんなとき**大人はできるだけ冷静に対応し、対応の仕方を教えましょう**。この経験をくり返していくうちに、子どもも少しずつ冷静な対応ができるようになると思います。

例えば転んでひざをすりむき、血が出てしまったとき。「大丈夫だよ、落ち着こうね」といって安全な場所に移動して手当てをしてあげます。このときに大人が驚いてしまうと、子どもは動揺します。深呼吸をして落ち着きましょう。これは大人も子どもも同様です。また食事中にコップを倒してしまったときは、「手が当たってしまったんだね。そういうときはふこうね」と対処方法を伝えます。子どもは大人の対応をよく見ています。**子どものリアクションに連動したり、逆に大人がオーバーリアクションをしたりすると、それが当たり前の反応だと思うようになる**かもしれません。

よく噛んでいるわけでもないのに、食べるのが遅い。ほかのことにしても動きがゆっくりで、マイペース。

子どもの発達上の特性を理解しておくことが第一。せかすのではなくサポートを！先までの目標設定をすれば、親子とも焦らず成長。

①さまざまな体験の回数が大人よりも少ない。②発達上、十分成長できていない部分があり、ゆっくりした動きになる。③先を見通して動くことが難しい。幼児期はこうした特性があり、**時間が大人よりもゆっくり流れています**。順番どおりに進めたい、せかされるとうまくできないという子どももいます。この特性を知らずに向き合うと、親子ともに疲れてしまいますよね。

とはいえ時間は流れています。**まず“一緒にできること”を増やして**ください。例えば子どもが時計を読めないうちは、大人が時間を知らせたり、タイマーを使ったりします。**子どもに無理が出ている場合は、なくすより“減らす”という選択を持ち、詰めこまないようにする**とよいでしょう。できないからといってゼロにすると成長の機会を逃してしまいます。小学生になったら今の1.5倍、高学年はその倍、中学生……というふうに、極端かもしれませんが、**目標をずっと先に設定して向き合うと、親子ともに焦る気持ちは落ち着く**と思います。

新しい工作やゲームなどをもらうとやり方や見本に見向きもせず独自に進めてしまう。

子どもの能力や可能性ははかれない。柔軟な対応をしながら“自由”にも領域を作る。基本を知ることで、さらなる表現力が身につく。

大人が決めたとおりにすることが難しい子どももいます。個性を伸ばしたいが、マニュアルどおりに取り組んでほしいという気持ちもあるでしょう。まず、**子どもの能力や可能性は大人がはかれる領域を超えています。**“同じ”ということには安心感を得られますが、**枠からはみ出ることで発見もあります。**例えば、用紙をはみ出す絵を描く場合は大きな用紙を用意する、ダンスの振りつけをアレンジした場合はそれを振りつけに盛りこむ、というような**柔軟な対応があってもよい**と思います。

ただ、**基本を知ることで応用が生まれ、さらなる自由な発想につながる**こともあります。例えば積み木で自由に遊ぶのもよいのですが、正しい積み方を知ることで新たな表現も見つけられます。基本の使い方を説明書で確認しながら教え、あとは自由な発想を尊重して取り組ませるという流れです。さらに友だちのやることを知ることも発見につながります。個性を尊重しながら基本を身につけ、視野を広げられたらよいのではないでしょうか。

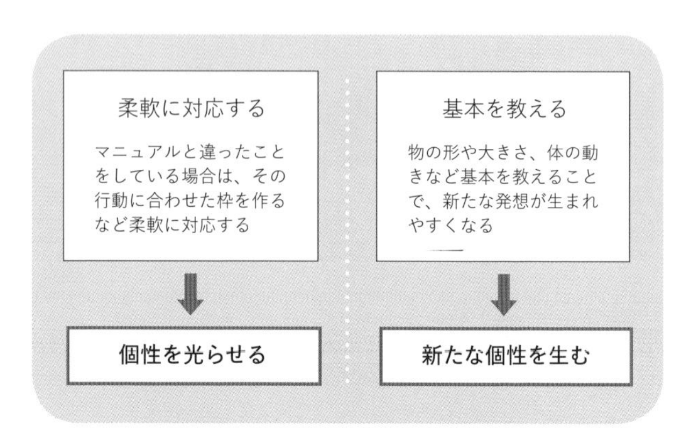

お悩み 95

「今日はなにがあった?」と聞いても無反応。保育園(幼稚園)の様子を子どもから知らされない。

答えやすいタイミングと聞き方が求められる。事前に情報を得ておけば、質問が具体的に。子どもの話をしっかり聞くことは大前提!

その日の出来事を話そうとしないのは、話したいと思っていない、ほかのことで頭がいっぱいなど、さまざまな理由があります。その場合、**話しかけるタイミングが大切で、おやつやお風呂の時間など、リラックスしている状況が適している**かと思います。

また「今日はなにがあった?」と大まかな聞き方ではなく、「今日はいもほりがあったんだよね。どんなふうにしてとったの?」などと**具体的に問いかけると答えやすくなります。**これは小学生、中学生になっても同じです。さらに友だちや勉強のことなど、いつもと同じ質問が続くと答えるのが面倒になることも。**具体的な質問にするには、園からの配布物などで事前に情報を得ておく**のもひとつの方法。保育園や学校の行事を把握しておけば「今日、〇〇があったんだよね?」と問いかけ、子どもが思い出すきっかけも作れます。また、子どもが話しているときはしっかり聞くことが大切。会話を増やしてコミュニケーション力を高めましょう。

友だちの行動や発言、持ち物など なんでもかんでも真似をし、自分の意思が見えない。

個を作り上げるのに人真似は自然なこと。
想像の敏感期である小学生になれば、
自分で決断したり考えを出したりできるように。

幼児期は個の土台を作っており、大人を真似しながら基本を身につけていきます。その対象が友だちになることも。基本を取りこんでひとりでできることが増えてくると、今度は自分なりに発展させていきます。**友だちの真似をすることに心配する必要はありません。**真似をされる友だちがイヤがっている場合はまた別の話です。避けたいのが、大人の「○○のほうがいいのに」とか「○○ちゃんのほうがもっと上手よ」という発言。子どもは自分の選択や行動に自信を持てなくなってしまいます。

モンテッソーリ教育では、**想像の敏感期は小学校低学年ごろ**だといわれています。個性も想像力も成長とともに作られていくもの。進級するごとに自分で決められることが増えていき、自分の考えを話せるようになります。例えば「○○ちゃんがしているから私もしたい」というような状況でも、「○○ちゃんはこうだけど、自分はこうしたい」と意見をいえるようになります。その**意見を認め、ポジティブな返答をしたい**ものです。

友だちの真似ばかりをしたがる

最初は真似をするものなので大丈夫

↓

小学生になり進級するごとに
自分で決められることが増え、自分の考えを持ち、
意見をいえるようになってくる！

いつも大人の顔色をうかがっている。発する言葉が本当の気持ちかどうかわからず悩ましい。

善悪の判断基準がわからなくなっている。大人の表情、しぐさ、言葉での反応があると善悪を理解し、次につなげようと努力できる。

大人の顔色をうかがうのは、選択の仕方がわからない、よくないことをしてしまって反応を確かめたい、合っているのかわからずに不安といった理由が考えられます。子どものすることに対して大人の反応が乏しいと善悪の判断基準がわからず、質問もできないため、大人の顔色をさらにうかがうようになります。大げさに反応する必要はありませんが、例えば子どもがコップを倒したときなどは、**なぜこうなったか、どうすればよかったかをちゃんと言葉で伝える**とよいと思います。

どんなときでも怒って伝えることは避けたほうがよいでしょう。**子どもの目線に合わせて冷静に対応することで、子どもは善悪がわかりやすくなり、次の行動につなげようと努力する**ものです。また、自分や誰かが物を落としたときなどに、大人の顔色をパッと見ることがありますよね。これは人間が持つ危機管理能力だと思います。その際も「危ないからはなれようね」「ふきんでふこうね」と冷静に対応してください。

人前で裸になることを恥ずかしがらない。恥じらいは自然に身につくのだろうか。

自分を客観視できているかが肝心。まわりから見られる視点を持てるようになれば、服を着ることの必要性も理解できるように。

幼児期に入ると徐々に自分のことを客観視できるようになりますが、**恥じらいを感じられないのは、まわりからどう見られているか、今はどうするべきなのか、という視点に至っていない**ことが考えられます。この状態ではどんなに注意をしたとしても素直に聞き入れることはできません。そんなときは鏡の前に一緒に立って「見て、裸だよ。服着なくていい？」と聞いてみるとよいでしょう。さらに寒いと風邪をひく、体を大切にしようと教えてください。**なんのために、どんなときに服を着る必要があるのかを伝えることが一番**です。

“服を着ない我が子は変わっている”というふうには思わないようにしてください。人類は長い時間をかけて衣服を身につける必要性を知ったわけですから。必要と感じたら行動が変わるはずです。もしなかなか服を着ようとしない場合、ただ動作が億劫なだけかもしれませんので、「まず下着だけ着ようか」とハードルを下げてみるのもよいでしょう。

性教育のタイミングはまだ先だと思っていたが……。決められたわけでもなく、男女で分かれがち。

子どもが男女を意識し始めたときが男女の違いや、人間の平等性などについて話をしていくきっかけになる。

4歳ごろになると、男女の体の違いを意識するようになります。それは**脳の成長とともに自分と他人を客観視する段階に入った**からです。もし子どもにそんな意識があることを感じたら、**男女の違いについて話をするチャンス**かもしれません。前ページでもお話ししたように、自分を客観視できると、いろいろなことを聞き入れやすくなってきます。

見た目の違いはなにか、心に違いはあるかなど、子どもが感じていることをテーマにして話すとよいでしょう。そのとき、**男女関係なく同じ人間であることも伝えてください。**人間はいろいろな人と協力し合いながら生きていること、性差はあっても差別はあってはいけないこと、体と心が違うことがあることなど。一度にたくさんのことを伝えると混乱してしまいますので、すべてを伝えなければならないと思わず、親子ともに柔軟に考えられるように**時間をかけて少しずつ話していく**のがよいのではないでしょうか。

友だちの住まい、旅行、外食状況など自分と比較して優劣を感じ、お金の話をするようになった。

お金の量より使い道、使い方を伝えたい。
“物の大切さ”を理解させることにもつながる。
物、お金、自分、人について考えられるように。

子どもがお金を意識するようになるのは、お金が身近な存在で、その規模を理解しやすいからだと思います。やさしさ、思いやり、悲しみといった感情ははかるのが難しいものです。とはいえお金でもはかれないことはたくさんあります。その際、**“お金を使ってなにができるか”“お金をどういかしていくか”ということを伝えることも大切**だと思います。“お金は貯めるもの”と束縛されて、お金を必要とする挑戦や楽しみを経験できないまま人生を終わらせるのももったいないことです。

もし子どもが「お金持ちはすごいの？」というような質問をしてきた場合は、「すごいかどうかは、お金だけではかれないこともあるのよ」と伝えるとよいのではないでしょうか。同時に**“物の大切さ”も伝えておきたい**です。物を乱雑に扱うときや、もとの場所に戻さないときなどに、“自分の持ち物”の価値を再認識させてあげるとよいと思います。人生の尺度で**物、お金、自分、人について考えられるように伝えられるといいですね。**

あとがき

私が子どもの教育に携わってきた期間は、大学での教育時代を含め27年。教育の場ではじめて子どもに携わったときは、子どもは話を聞かないし、なにを考えているかわからないと思いました。でもその後にモンテッソーリ教育に出会い、子どもには大人にはない特性があって敏感期もあること、そして子どもは自らを育てる意欲と力を持っていることを知ります。子どもも大人と同じように意思を持ったひとりの人間です。

多くの親御さんと接し、親御さんも同じように多くの悩みを持っていることを知ります。子どもを思う気持ちと自分自身の思いとの葛藤の中で子育てをされていることもあり、多くの情報の中で迷ったり焦ったりすることが増えていることを感じました。

子どもは大人が思っている以上に成長することに前向きで、鋭い感覚と考えを持っています。子どもにゆったりと関わり、成長を一緒に応援すると、子どもは自信を持って成長していくはずです。

でも毎日が忙しく、ゆったりとした時間をとれません。それは自分の子育てでも同様でした。時間を気にするがあまり、本来はていねいに接しなければならない部分に目をつぶって、その場しのぎになってしまったこともありました。“今、子どもになにをすればよいか”“忙しい中でもなにに注意しなければならないのか”――そんなことを教えてくれる人がいたら……と思うこともありました。

地球の未来をも考えなければならない時代がやってきています。私たちができることは、子どもたちが正しく未来を担っていけるように育てることです。そんな子育てを少しでも応援できる本になればよいと願っています。

藤原愉美

著者 藤原愉美（ふじわらゆみ）

モンテッソーリ教室「つばめの家」主宰、雑貨ショップ「ひづきの森」を運営。大学で教育を学び、モンテッソーリ教育の幼稚園に勤務。その後、公立の幼稚園、小学校での勤務を経て、出産を機に家庭でのモンテッソーリ教育で我が子を育てる。「つばめの家」では未就園児から小学校低学年までを対象に、子ども一人ひとりの可能性を伸ばす取り組みを行っている。2023年より「葉森冴（はともりとこ）」を結成し、全国に文化教育を広める活動も開始している。監修『モンテッソーリ子育て〜はじまりはお家から〜』、著書『モンテッソーリ子育てグッズ 子どもたちに作りたい贈りもの』（共に文化出版局刊）。
Instagram：@hidukinomori.ouchi

制作
デザイン ● 萩原美和
イラスト ● 小泉直子
校閲 ● 石川よう子
編集 ● セトオドーピス
大沢洋子（文化出版局）

大人の悩み100＋解決のヒント100
モンテッソーリ子育てⅡ
〜叱る前にできること〜
2023年11月20日 第1刷発行

著者 藤原愉美
発行者 清木孝悦
発行所 学校法人文化学園 文化出版局
〒151-8524 東京都渋谷区代々木3-22-1
TEL.03-3299-2489（編集） 03-3299-2540（営業）
印刷・製本所 株式会社文化カラー印刷

文化出版局のホームページ https://books.bunka.ac.jp/